大家小书

国学概论新编

谭正璧 编著

北京出版集团公司
北京出版社

图书在版编目（CIP）数据

国学概论新编 / 谭正璧编著．— 北京 ：北京出版社，2016. 7
（大家小书）
ISBN 978-7-200-12280-0

Ⅰ. ①国… Ⅱ. ①谭… Ⅲ. ①国学—概论 Ⅳ. ①Z126

中国版本图书馆CIP数据核字（2016）第160303号

总策划：安 东 高立志 责任编辑：高立志 刘 娜

· 大家小书 ·

国学概论新编
GUOXUE GAILUN XINBIAN
谭正璧 编著
*
北京出版集团公司
北京出版社 出版
（北京北三环中路6号 邮政编码：100120）
网 址：www.bph.com.cn
北京出版集团公司总发行
新华书店经销
北京华联印刷有限公司印刷
*
880毫米×1230毫米 32开本 7.125印张 116千字
2016年7月第1版 2023年4月第4次印刷
ISBN 978-7-200-12280-0
定价：35.00元
如有印装质量问题，由本社负责调换
质量监督电话：010-58572393

序　言

袁行霈

“大家小书”，是一个很俏皮的名称。此所谓“大家”，包括两方面的含义：一、书的作者是大家；二、书是写给大家看的，是大家的读物。所谓“小书”者，只是就其篇幅而言，篇幅显得小一些罢了。若论学术性则不但不轻，有些倒是相当重。其实，篇幅大小也是相对的，一部书十万字，在今天的印刷条件下，似乎算小书，若在老子、孔子的时代，又何尝就小呢？

编辑这套丛书，有一个用意就是节省读者的时间，让读者在较短的时间内获得较多的知识。在信息爆炸的时代，人们要学的东西太多了。补习，遂成为经常的需要。如果不善于补习，东抓一把，西抓一把，今天补这，明天补那，效果未必很好。如果把读书当成吃补药，还会失去读书时应有的那份从容和快乐。这套丛书每本的篇幅都小，读者即使细细地阅读慢慢地体味，也花不了多少时间，可以充分享受读书的乐趣。如果把它们当成补药来吃也行，剂量小，吃起来方便，消化起来也容易。

我们还有一个用意，就是想做一点文化积累的工作。把那些经过时间考验的、读者认同的著作，搜集到一起印刷出版，使之不至于泯没。有些书曾经畅销一时，但现在已经不容易得到；有些书当时或许没有引起很多人注意，但时间证明它们价值不菲。这两类书都需要挖掘出来，让它们重现光芒。科技类的图书偏重实用，一过时就不会有太多读者了，除了研究科技史的人还要用到之外。人文科学则不然，有许多书是常读常新的。然而，这套丛书也不都是旧书的重版，我们也想请一些著名的学者新写一些学术性和普及性兼备的小书，以满足读者日益增长的需求。

“大家小书”的开本不大，读者可以揣进衣兜里，随时随地掏出来读上几页。在路边等人的时候，在排队买戏票的时候，在车上、在公园里，都可以读。这样的读者多了，会为社会增添一些文化的色彩和学习的气氛，岂不是一件好事吗?

“大家小书”出版在即，出版社同志命我撰序说明原委。既然这套丛书标示书之小，序言当然也应以短小为宜。该说的都说了，就此搁笔吧。

前　言

谭　篪

十九世纪末至二十世纪初，随着西方对东方的侵略，西方的文化也大举向东方渗透，于是相对西洋文化，以前固有的中国传统学术被称之为“国学”。对于国学，有人全盘否定，“西方的月亮也比中国圆”，即是此种思潮之代表。先父谭正璧（1901—1991）在《国学概论讲话》中批驳了此类论调，“总而言之，‘国学’的值得研究与否，非研究后不能预知；我们越对于‘国学’怀疑，我们越非加以研究不可。”他对中华优秀文化的执着坚持由此可见。

先父诞生在清末的上海，自幼父母双亡，屡经坎坷。目睹了辛亥革命，投身过五四运动，亲历了轰轰烈烈的大革命，抗战时期艰难地奋斗在沦陷后的上海，抗战胜利后又为迎接新中国的曙光而斗争。但他一直坚持读书，自学成才，古今中外，概不排斥，尽心猎阅。1923年因于上海神州女校文学专修科任国文教师，他根据自身教学的经验及需要，用白话文编写了《中国文学史大纲》，此书一经面世，长年不衰。此后，他在教学的同时经常为上海光明书局、北新书局、中华书局、商务印书馆、世界书局等编写文学概论文学史、文学家辞典以及语文学著作。他一生勤奋，专心著述，先后出版作品七八十种之多。他在后来的自述中总结自己著书的宗旨：一、务求通俗易解；二、叙述历史内容信笔直书，不避讳；三、引用前人著作，不限于古，并重今人。

1951年，先父受邀到齐鲁大学任教；1952年，因病迁居上海，次年任棠棣出版社总编辑，主持出版《中国古典文学研究丛刊》；1958年受华东师范大学中文系之聘，任古典小说戏曲研究生导师；1961年，受聘中华书局上海编辑所担任特约编辑，专任审稿工作。“文革”期间被停职停薪，继遭抄家批斗“专政”，十年时间不着一字，直至1972年始得恢复人身自由，但无生活来源，迫不得已忍痛变卖藏书籍以度日。直到1979年5月被聘为上海市文史研究馆馆员，自此生活才得到基本保障；1980年他又受聘为华东师范大学中文系古典文学兼职教授……

他坚信“国学”中“藏有精金”，“应从速发掘”；并断言：“‘国学’这名辞虽然终将成为历史的陈迹，而它的本身的价值却是永远存在。”可惜，虽然“国学”有许多领先西方的“精金”，只是藏在深山少人识；排斥国学，全盘西化，此路不通。多元化的世界需要多元化的文化，更要相互借鉴，共同繁荣。

先父在1933年的《国学概论讲话》中提出研究国学的方法，“不外四端”：一为辨真伪，二为知重轻，三为明地理，四为通人情。至今看来这仍是富有启发意义的。1936年他又推出了这本《国学概论新编》，为中高等学校提供教育与参考之用，此书以精简的篇幅展示“国学”的全貌。他介绍中国古代学术源流，采用传统的四部分法，将经、史、子、集，改称经学、史学、子学、文学。对于国学上一些聚讼纷纭的问题多采用最普通的说法，而不取一家私见；或备列众说，以便读者自己去选择与决定。此书及先父的其他著作，数十年来，多次为港台地区书商擅自翻印，其价值可见一斑。在今天，它仍是一册简捷中正的有价值的国学入门读物，亦可作为语文补充教材。

当然，再版和阅读这本书，我们希望只是一个开始，是读者进入国学、领略中国传统文化的开始，本书普及的只是传统文化的一些基本常识。国学之墙数仞，我们相信这书是一个可靠的地图和导游。

历史在发展，文化也要发展；然而没有对历史的继承、没有对优秀的传统文化的继承，所谓发展就成了无本之木、无源之水，只有继承才有发展。“大家小书”正在做的，就是对优秀的文化遗产进行发掘和抢救，并推荐给众多专家和广大读者，以期更好地继承和发扬发展，这是一件承前启后极有意义的事。谢谢北京出版集团人文社科部的努力！

2013年8月7日

目　录

编辑大纲

一、本书专供中高等学校作教本或参考书之用。

二、本书注重知识的实用，且系概论性质，故所搜辑多国学上的普通事项，其过于专门的概从割爱。

三、向来关于国学的书，多依历史上发现的次第，作纵的叙述；但此系学术史的体裁，非概论所宜，故不从。

四、本书根据国学固有的四分法，且参照现代学术的分类，分为经学、子学、史学、文学四部。其文字学一门，向以附属于经学；现因编者已另编《文字学概要》一书，故略去以省篇幅。

五、国学上常因学派不同，有同一问题而异其答案的，本书则采用最普通的说法，而不取一家的偏见；或备列诸说，以便读者自己去选择与决定。

六、本书系根据个人教授的经验编成，且已曾经数度的修改，辞句亦惟浅显是务，以之教学，当无枯索无味及艰深难解之弊。

七、编者学识浅陋，谬误之处，自难幸免。如蒙海内大师，加以严厉的指正，实所深感。

一九三六年四月三〇日，于上海。

导言

“国学”是“国故学”的简称，亦称“国粹”“中学”“古学”或“旧学”。它创立的时期距现在并不多久，所以它的含义很不容易确定。今人曹聚仁在他所著《国故学大纲》里说：“自殷末迄今，历时三千余载……此三千年间中华民族特具之结晶思想，其以文字表达者，吾名之曰‘国故’；以国故为研究之对象，而以科学方法考治之，使组成一科学，吾名之曰‘国故学’。”由此定义，那么必须对于中国过去学术，加以科学方法的整理，才能当得这个名称。至国学概论的任务，就在将这些经过整理后的中国过去学术，加以综合的概述，使人一窥其成绩。

“国学”这个名词的创立，乃是近百年中的事。前于此，中国尚在闭关自守时代，国人的心目中只有中国而无世界，以为中国即世界，一切学术，既没有国界可分，所以无从产生“国学”。后来海运大开，中西交通日繁，西洋学术文化因之东渐，于是产生了所谓“西学”，或称为“洋务”与“新学”，随即也有了所谓“国学”。换言之，所谓“国学”，本是“西学”的对称；“西学”不来，它是根本不会产生的。

但“国学”所含的意义，与近时流行的名词“东方文化”不相同。因为“东方”兼指“印度”“中国”而言，而“国学”则专指“中国”一国。又与所谓“中国文化”亦不同。因为“文化”一义，实含言语、文学、信仰、艺术、工艺、经济的创作的全体，“国学”则仅指其表现于纸片的文字，不过是其中的一小部分。他与“中国学术”一名词含义亦不同。因为“国学”专指“西学”未来中国以前的学术；“中国学术”则与时间俱存，中国不亡，“中国学术”将永远向前进展。

由前所述，可见“国学”这个名辞，是暂时的而非永久的。在对这些中国旧有学术作整理功夫时，此工作一日不完毕，即“国学”这名词存在一日；一旦工作完毕，把“国学”分类组成现代学术所有的各系统，如哲学、教育学、文学、经济学等等，那么“国学”便立即失去根据，好像化学家把某种事物析成种种分子，分子既得，事物的本身便质散形消而没有了。今人钱穆云：“‘国学’一名，前既无承，将来亦恐不立，特为一时代的名词。”与此同义。但曹聚仁以为“‘国故’，犹一家之财产，‘国故学’犹财产之登记册，财产虽划分归属,而登记册之价值决不变迁”。所以“国学”这名词虽终将成为历史的陈迹，而它的本身的价值却是永远存在。

属于“国学”的书籍，真当得“浩如烟海”之称，所以应以何者为整理的范围，也成为国学上一个有待讨论的问题。中国历来的学术分类，有七分法与四分法两种。前者有刘歆《七略》、王俭《七志》、阮孝绪《七录》等；后者有荀勖《中经簿》、《隋书》以后各史经籍或艺文志、《四库全书》等。但前者阮孝绪以后无继承，后者则成为历来目录学的权威，至今犹在应用。所谓四分法，就是把中国学术分成经、史、子、集四类，每类复分细目，将中国所有书籍一一纳之其中。这些书籍，虽迄今犹未有人结以总数，但以容纳数量最多的《四库全书》而论，则有书已共有一〇五八五部，一七一五五八卷。即要将这个数目所含的书，去一一加以整理，已为事实所不许，所以不能不将范围加以收缩。本书所述，经部仅限于“五经”与《论语》《孝经》；子部仅限于儒、道、名、墨、法五家；史部仅限于正史、编年、纪事本末、政书四体；集部易称文学，变其体例为诗歌、小说、戏曲、唱词四类，就是把它们加以收缩的结果。这样的收缩，虽不能作为定法，然关于国学上的重要知识，实已粗具大体，当不至于十分乖谬了。

第一章　经学

第一节　总论

一、名称

“经”字的本义，照《说文解字》的解释，是“织纵丝也”，与解作“织横丝也”的“纬”字并称。古时书籍，刻写于竹简，必须用织丝编连成册，因此借“经”为书籍的名称。经学派中古文学派以为“经”是一切书籍的通称，不是孔子的“六经”所专有，当即以此为根据。

至于《白虎通》的训“经”为“常”，乃是引申的意义，并非本义。因为纵丝织物，有一定的次序而不能紊乱的，故可以引申为解作“不可变易”的“常”字的意义。书籍所载，都是些人人应该遵守的常道，于是就称书籍为“经”。春秋以后，诸子百家蜂起，异说纷纭，儒家以为仅有孔子手定的书籍最合于常道，故称“六经”为“经”。经学派中今文学派以为“经”是孔子著作的专名，在孔子前或孔子后的著作均不得称“经”，即因此义。

由此可见“经”这个名称，也是跟着时代而异其意义的。在诸子百家未兴以前，一切书籍所载，并无什么牴牾，故一切书籍都可以称为“经”。在诸子百家既兴之后，这些被称为“经”的古籍，即独为儒家所遵用；而诸子的书，又往往异说纷纭，不合常道，于是“经”这个名字，便为诸子未兴以前传来的一切古籍所专有了。所以今古文学派对于“经”的见解，表面上似不能相容，实则各有根据，而且可以互相发明的。

至于“经”与“子”的分别，今人吕思勉以为“经、子本同为一物，自汉以后，特尊儒学，乃自诸子书中，提出儒家之书，而称之曰‘经’。……然‘经’之与‘子’，亦自有其不同之处。孔子称‘述而不作’，其书难亦发挥已见，顾皆以旧书为蓝本。故在诸家中，儒家之‘六经’，与前此之古书，关系最大。”于此不独可见“经”与“子”的不同所在，且可为前述诸子未兴以前传来的古籍都可称“经”的注脚。

当然，前面所说的“经”，乃是狭义的而非广义的，仅能适用于“六经”，而不能用之于“六经”以外的许多经。至将“六经”以外的书称为“经”，由于儒家因推尊孔子的缘故，故并弟子记孔子之言，或后儒发挥孔子思想的书，都称为“经”，如《论语》《孟子》《孝经》之类；至《尔雅》的称“经”，当由于相传出于周公的手，而为诸子未兴以前的古籍的缘故。

至于佛典道书亦称为“经”，乃起于佛教传入中国之后，由于宗教家想用此独尊其一教所奉的书，与儒家的称“经”完全不同。因为佛道二教有鉴于凡称“经”的书都为人所推崇，于是佛教徒遂称所译的佛典为经，如《法华经》《华严经》，道教徒称所奉以为宗的古人所著书为经，如《道德经》《南华经》，以期获得社会大众的信仰，而造成多量的信徒。这当然不是在本书范围内所该讲及的了。

“经”的别名叫做“术”，如《礼记》称《诗》《书》《礼》《乐》为“四术”；也叫做“艺”，如《史记》与《汉书》称“六经”做“六艺”。“经”和“艺”“术”也稍有不同：“经”是专指书籍，而“艺”和“术”都是指学术，犹之“子”的有“子”和“家”的分别一样。“经”又和“传”对称。“经”“传”虽同为记圣人之言，但“经”则出于孔子之手，而“传”则为孔氏门人所记。“经”“传”的分别在古代极严格，到现在则已一概称之为“经”了。

二、来源

经的产生，在四部中为最早。它本是诸子未兴以前一切古籍的通称，后来仅用以称六种经过孔子整理或删改过的古书。本文所述，也即以这六种经书为限。这六种经书，就是《诗》《书》《礼》《乐》《易》《春秋》，总名为“六经”，亦称为“六艺”。

六经的来源，所说虽人各有不同，但历来都不脱与孔子有密切的关系。换句话说，就是仅有六经是否全部分或一部分为孔子所制作或删述，成为历来经学家争执之点。但据历史所载，比较地可信而有系统的，如《史记·孔子世家》，以为六经与孔子的关系是：

《诗》：孔子所删订。

《书》：孔子所编次。

《礼》：孔子所修正。

《乐》：同上。

《易》：其中的一部分如《彖辞》《象辞》《系辞》《说卦》《文言》等为孔子所作。

《春秋》：孔子因史记（鲁史）而作。

这种说法，本已很近情理，但不能得到历来经学家一致的承认，所以未能视作定论。

这里除去一切庞杂的说法，就是关于六经的某一部分为孔子所制作或为孔子所删述的种种说法不谈，仅略述两个极端相反的主张，以当一脔之尝。这两个极端相反的主张：一个以为五经（乐的本来有无和是否失传，亦成为经学上一大问题，这里除开不计）都是孔子所制作；一个以为五经是五部各不相干的书，孔子没有制作，也没有删述。前者可以清人皮锡瑞为代表，后者可以今人钱玄同为代表。

以五经为孔子所制作，本来几乎是今文学派一致的主张。（古文学家"六经"为周公所作，孔子特加补缀。）皮氏为今文学大师，其所主张尤为彻底。他以为五经的原料固然有大部分是古代已有的篇籍，但将这些杂乱的篇籍加以整理，给与以经学所特有的"微言大义"，使成为"经"，则实始于孔子。所以他对五经的看法是：

《诗》：古诗三千篇，虽卷帙繁多，而未经删定，未必篇篇有义可以为法戒。

> 《书》：本三千二百四十篇，在未经删定以前，与《诗》未删订相同。
>
> 《礼》：《仪礼》十七篇，虽周公之遗，然当时或不止此数而孔子删定，或并不及此数而孔子增补，皆未可知。
>
> 《易》：自孔子作《卦爻辞》《彖》《象》《文言》，阐发羲文之旨，而后《易》不仅为占筮之用。
>
> 《春秋》：自孔子加笔削褒贬，为后王立法，而后《春秋》不仅为记事之书。

钱氏的根本否认五经与孔子的关系，为中国经学上“破天荒”的主张。他以为孔子并没有制作或删述六经的事，《乐经》本来无书，《诗》《书》《礼》《易》《春秋》本是各不相干的五部书，后人因附会《论语》“子所雅言：《诗》《书》、执礼”及《孟子》“孔子作《春秋》”的话，于是造出所谓“六经”这名词来，《荀子》《商君书》《春秋繁露》《史记》《汉书》《礼记》《白虎通》等又误信为真，于是一提孔子，便并及六经。他搜集了《论语》上谈及《诗》《书》《礼》《乐》《易》《春秋》的话而加以严密的考证，因而断定：

《诗》：是一部最古的总集。

《书》：是三代时候的“文件类编”或“档案汇存”，应该认为历史。

《仪礼》：是战国时代胡乱钞成的伪书。

《易》：它的原始的卦爻，是生殖器崇拜时代的符号，后来被孔子以后的儒者所假借，以发挥他们自己的哲理。

《春秋》：是五经中最不成东西的一部书，是所谓“断烂朝报”或“流水账簿”。

上述二说，前者尚“迷恋尸骨”，未能完全放弃旧说，而惟就旧说加以比较彻底的修正；后者则颇具“怀疑精神”，完全推翻旧说，而另立一种切合事理的新的看法。平心论之，当然是后胜于前了。

三、学派

因为历来经学家对于经典本身发生许多不同的见解，和治理方法的歧异，就产生了种种的学派。例如：为了所研究的经书的本子因文字不同而内容亦不同，便产生了所谓今文学派与古文学派；为了研究经书时所取的方向的不同，便产生了所谓汉代训诂学与宋代理学。此外尚有其他种种，一时不克详举。

现在且就汉学的今古文学派和宋学的不同所在，以及各派的沿革和变迁，作一简单的说明如后。

汉学偏重于章句训诂方面，分为今文学与古文学两派。今文学发生于西汉之初，至武帝置五经博士而大盛。五经博士：《易》有施、孟、梁丘、京氏四家；《尚书》有欧阳、大小夏侯三家；《诗》有齐、鲁、韩三家；《礼》有大小戴二家；《春秋》有严氏、颜氏二家。此十四家皆为今文，故称“今文十四博士”。后来因古文学的暴兴，郑玄、王肃的混淆家法，遂日渐衰落，至魏晋而亡。到了清代的中末叶，因政治、社会学术各方面趋势的汇合，于是今文学又死灰复燃起来，居然又盛极一时。所谓常州学派、公羊学派，都是当时最活跃的学派，这个学派的余波回响，至今还在学术界里存在。古文学起于西汉中叶。当今文学已立学官时，古文学亦已在民间流传。《古文尚书》《逸礼》《周礼》《春秋左氏传》在孔壁发现，即在其时。费氏《易》及毛氏《诗》，亦在其时传于民间。至平帝时，立《左传》《毛诗》《逸礼》《古文尚书》于学官，古文学抬起头来。到东汉时，今文学渐衰，古文学遂有取而代之之势。魏晋今文学亡，它更日见发扬开展。后来六朝的南北学、隋唐的义疏派，皆立场于古文学。等到宋学起来，它才暂告废歇。至明末，顾亭林抬出“舍经学无理学”

的旗帜来补救宋学的虚妄，于是古文学又复兴起来。清代以惠栋为领袖的吴派，以戴震为领袖的皖派，都成为当时学术界的权威。但他们虽与古文学派有血统的关系，而治学方法则较汉人精密详慎，已非前此训诂学可比，故今人别称之为朴学。清代三百年的学术世界，几全是朴学的世界。今尚存在的章炳麟，就是此派“硕果仅存”的大师。

宋学偏重于义理方面，故亦称为理学。此派在唐诗已稍开其端，至北宋庆历以后而大盛。北宋理学分为三大派：周敦颐著有《太极图说》与《通书》，称为濂学；程颢、程颐兄弟著有《二程遗书》，称为洛学；张载著有《西铭》与《正蒙》，称为关学。到了南宋，又产生了朱熹一派，称为闽学。南宋理学亦分三大派：一即朱熹的闽学，亦称归纳派；一为陆九渊一派，称演绎派；一为浙学，亦称批评派。浙学又分为三：一为金华派，出于吕祖谦；一为永嘉派，出于陈傅良与叶适；一为永康派，出于陈亮。此诸派都立足于哲学的见地，以理欲心性为论究的对象，而借助于经学的解释。元明以来，朱学因朝廷的提倡，取得正统的地位。陆学则得王守仁的加入，为有天才的学者所信仰。陆的“尊德性、道问学”，与王的“知行合一”，尤为后世学者所乐道。及明末，古文学复兴，理学遂走上没落之路。

除上述三大派外，今人周予同又称产生于五四运动前后的一派新经学派为新史学派。这派系以历史的方法去研究经学，它一方面接受历来经学学派的遗产，一方面接受外来学术思想的影响，故成为经学上最后而且最新的一派。但为了时间的短促，还没有怎样的成绩。这派大师，较著名的有钱玄同、王国维、陶希圣、郭沫若等。

四、领域

经的领域，随着时代而逐渐扩张，愈后愈广。但其中真配称做“经”的，实在只有《诗》《书》《礼》《乐》《易》《春秋》六经。“六经”的名称，始见于《庄子·天运篇》：“丘治《诗》《书》《易》《礼》《乐》《春秋》六经。”后世遂沿用不变。后来《乐经》佚亡，其残余并入《礼经》，于是六经仅存五经了。

经目的递增，开始于西汉。汉列五经于学官，后更加入《论语》，复分《礼》《乐》为二，遂称为“七经”。至东汉则去《乐经》而加《孝经》，亦称“七经”。以记载孔子言论的书如《论语》《孝经》为经，始于此时。至《白虎通》称《易》《书》《诗》《礼》《乐》为“五经”，而不及《春秋》，大约即因五经都是古籍，而《春秋》为孔子所自作的缘故。

唐列《易》《诗》《书》《周礼》《仪礼》《礼记》《春秋左氏传》《春秋公羊传》《春秋谷梁传》于学官，称为“九经”。陆德明《经典释文》则以《易》《诗》《书》《三礼》《春秋》《论语》《孝经》为“九经”。以传（如《春秋三传》）记（如《礼记》）为经，始于此时。前此簿录家虽亦列传记于经部，但他们仅视传记为解经说经的书，非独立成一经。自“九经”之名立，传记亦遂一跃而称经了。至宋人之所谓“九经”，乃于“五经”外增以《周礼》《孝经》《论语》《孟子》。以子为经，始于此时。唐开成时刻石经，复于“九经”外增《论语》《孝经》《尔雅》，称“十二经”。以释经之书为经，始于此时。宋人既以《孟子》为经，遂与“十二经”并称“十三经”。从此以后，“十三经”之名，遂与史部的“二十四史”并立为国学要籍中的两大权威了。

除此之外，宋人复于“十三经”中除去《论语》《孟子》（因为它们已和《大学》《中庸》合并为“四书”），称为“十一经”。或并《大戴礼记》于“十三经”之末，称为“十四经”。清人段玉裁则主张于“十四经”外，应加《国语》《史记》《汉书》《资治通鉴》《说文解字》《周髀算经》《九章算术》，为“二十一经”。此外，在南北朝时尚有所谓“十经”，但内容不纯，而部数亦不合，所以不列举了。

本书所述，本当以六经为主，六经已剩五经，故以五经为主。六经次第的排列，在经学上亦成为一个非常重要的问题。今文学派主张为（一）《诗》，（二）《书》，（三）《礼》，（四）《乐》，（五）《易》，（六）《春秋》；而古文学派则主张（一）《易》，（二）《书》，（三）《诗》，（四）《礼》，（五）《乐》，（六）《春秋》。两派的主张，各有根据和标准，兹分别说明如下：

（一）今文学派系根据《庄子》《春秋繁露》《史记》《荀子》《商君书》《淮南子》及《礼记》，以内容程度的浅深为标准：

《诗》《书》	符号的（文字的）教育	普通教育或初等教育的课程
《礼》《乐》	实践的（道德的）教育	
《易》《春秋》	孔子思想所在	专门教育或高等教育的课程

（二）古文学派系根据《汉书》《白虎通》《说文解字》《后汉书》《经典释文》及《隋书》，以产生时代的早晚

为标准：

《易》：八卦为伏羲所画。

《书》：最早的篇章为《尧典》，尧在伏羲后。

《诗》：最早的诗为《商颂》，商在尧之后。

《礼》：周公作，在商之后。

《乐》：同上。

《春秋》：本为鲁史，孔子所删定，在周公之后。

本书即依今文学派的主张，除去已经佚亡的《乐经》，而以《诗》《书》《礼》《易》《春秋》为次序。末复述及《论语》与《孝经》。因“十三经”中，“三礼”“三传”可以并入《礼》《春秋》中叙述，《尔雅》为小学要籍，可于文字学中叙述，《孟子》可以退入子部儒家；独《论语》与《孝经》无类可入，而《汉书·艺文志》将此二书附于“六艺”之末，所以现在就照它一样办法。

第二节 《诗》

一、总论

《诗》在未尊为经之时，或举其篇数，称为《诗三百》及《三百篇》，或单称为《诗》。“诗”字的本义，据《说文解字》所说，是“志也”。所以《诗序》说：“诗者，志之所之也。在心为志，发言为诗。”由此可见诗藏于内叫“志”，志发于外叫“诗”，是一物的两面。但这里所谓“志”，并非专指意志，而却偏重感情。古代心理学尚未发明，意志和感情并无固定的分域，故混称之曰“志”，有时也称曰“情”，很是随便。

《诗》的来源，据《史记·自序》，则云：“大抵皆圣贤发愤之所为作也。”如云“诗人发愤之所为作”，则尚合情理，而云“圣贤”所作，便成为一偏之见。又，相传古有采诗之官，王者赖以知国政风俗之得失，《汉书·食货志》云：“男女有不得所者，因相与歌咏，各言其伤。春秋之月，群居者将散，行人振木铎，徇于路以采诗，献之太师，比其音律，以闻于天子。”照这里所说，《诗》来源于民间，而是里巷歌谣，它应该和神话同属于民俗学，而不专属于文学了。

《诗》相传有三千余篇，至孔子删去其重复，取可施于礼义的，由殷迄鲁，存三百五篇。关于孔子删诗的问题，也成为经学上的聚讼，但大概不出三派：一派主孔子会删《诗》；一派说孔子未删《诗》（《诗》的原数止三百篇）；一派说孔子未删《诗》而正乐。三派中前二派极端相反，后一派则为前二派的调和。《诗》原有三千余篇之说，始于《史记》，在先秦书中都只称三百，不知司马迁何所据而云然，故不甚可信。但除三百篇外，未尝无其他的诗（前人称为逸诗）见引于先秦书中，亦是事实。删《诗》之说，即起于此，亦不可知。至孔子正乐之说，孔子自己也会说过，当然可信。那么孔子之于《诗》，犹之汉武帝时李延年之于乐府，不是什么了不得的事了。

《诗》三百篇，由孔子分为三大类，为国风、雅和颂。国风多数是民歌，大约即前述的行人所采，由太师合乐以献天子的；这一部分大约惟经孔子去其重复，没有经过其他手续。雅是朝廷用的乐歌，颂是祭鬼神的颂词，这二部分在当时已经混淆不分，由孔子加以整理，所以他自己也说过："吾自卫反鲁，然后乐正，雅、颂各得其所。"国风复分周南、召南、邶风、鄘风等十五国风，计共一百六十篇；雅又分大雅与小雅，计共一百零五篇；颂又分为周颂、鲁颂与商颂，计共四十篇，合共三百零五篇。所以所谓“三百篇”，系举它的成数而言。

《诗经》学派共分三派：今文学有鲁、齐、韩三家，西汉时都立于学官。后来《鲁诗》《齐诗》亡于魏晋时代；《韩诗》亦亡于南宋以后，仅存《外传》。古文学仅有毛氏一家，著有《毛诗故训传》，今独存。宋学无家数可举，惟欧阳修、苏辙颇攻击《毛诗》，郑樵、朱熹直斥《毛诗序》。朱熹作《诗集传》，全废《诗序》不用，对古说择善而从，颇有特见。又以为《诗》三百篇中，男女淫逸之诗占二十四，一反从来“思无邪”的传统的经说。元明清学塾所读《诗经》，都以《集传》为依归。

二、毛诗

《毛诗》属于经学的古文学，为现在仅存的《诗传》的一种，相传创始于汉人毛公。毛公为赵人，以治《诗》为河间献王博士，著有《毛诗故训传》三十卷。但《汉书·艺文志》所著录，除《毛诗故训传》三十卷外，又录《毛诗》二十九卷。由此可见《毛诗》经文必有和他家不同之处，否则《汉志》不至重复著录了。

《毛诗》的来源，据作传的毛公自言，系传自子夏。所以后来有《诗序》作于子夏之说。但《毛诗》的传授、毛公的名字、《毛传》的作者，诸家所说颇不一致。大致皆谓孔子删诗授之子夏，由子夏数传至鲁人毛亨。亨作《训诂传》，以授赵人毛苌。苌为河间献王博士，以不在汉朝，故不立于学官。时人因二人皆姓毛，乃称亨为大毛公，苌为小毛公。今行本《毛诗诂训传》亦简称《毛诗》，即题"毛亨传"。

《毛诗》的内容，有与诸家不同所在凡三：一为国风次第的先后；二为三颂的作者；三为小雅增笙诗六篇。国风的次第，除周、召二南，邶、鄘、卫三风，各家都列于篇首次第亦相同外，其余十国风，《左传》作王、郑、齐、豳、秦、魏、唐、陈、桧、曹，《诗谱》作桧、郑、齐、魏、唐、秦、陈、曹、豳、王，《毛诗》则作王、郑、齐、魏、唐、秦、陈、桧、曹、豳。所以不同的原因，清人魏源以为，《左传》所载是孔子没有删订以前周太师乐歌的次第，汇合民风相近的在一起；《诗谱》所说是已经孔子删订以后《鲁诗》《韩诗》传授的次第，所以挈豳于后，先唐于秦，王在豳后，桧在郑先，都有大义存于其间；《毛诗》进王退桧，既非太师原第，又乖孔子古义，不足为法。三颂的作者：《毛诗》以鲁颂为季孙行父作，商颂为戴公时正考父得于周太师；今文家则以鲁颂为奚斯作，商颂即正考父所自作。

小雅他家作七十四篇，《毛诗》则加《南陔》《白华》《华黍》《由庚》《崇丘》《由仪》六篇；但也有等于无，因为六篇仅有目而无辞。

《诗》有“六义”“四始”之说，亦为《毛诗》所独有。“六义”之说，实根据于《周礼》的“太师教六诗：曰风，曰赋，曰比，曰兴，曰雅，曰颂”，《大序》因之，称为“六义”。但《诗经》仅有风、雅、颂，而无赋、比、兴，于是聚讼又起。宋王质以为赋、比、兴三诗皆亡；今人章炳麟以为赋、比、兴不可歌，故为孔子所删。这是承认古代本有“六诗”的。唐孔颖达以为赋、比、兴是诗之所用，风、雅、颂是诗之成形，非别有篇卷；宋朱熹也说，风、雅、颂乃声乐之名，赋、比、兴乃制作之体。这是不承认有“六诗”的。今人廖平则以赋、比、兴为国风的小名，邶、鄘为赋，王、郑、齐为比，豳、秦、魏为兴。这三说以第二说为最优。风、雅、颂之分已见前述；赋、比、兴之分则朱熹以为赋是“敷陈其事而直言之”，比是“以彼物比此物”，兴是“先言他物以引起所咏之辞”。至于“四始”之说，也很纷歧：《诗序》以《关雎》《鹿鸣》《文王》《清庙》为国风、小雅、大雅、颂之始，故称“四始”。宋程大昌以孔子仅言雅、颂、周南、召南，故以雅、颂、二南为“四始”。清顾亭林以为二南非风，故以南、风、雅、颂为“四始”。“四始”亦称“四诗”，含义全同。

《毛诗》有《大序》和《小序》，其作者亦成问题。郑玄以《大序》为子夏作，《小序》子夏、毛公合作；王肃以大小《序》全为子夏作；范晔以为卫宏作；王安石以为诗人所自作；程颢以《小序》为国史旧文，《大序》是孔子所作。所谓《小序》，系列在各诗之前，说明诗中大意的；《大序》则连在首篇《关雎》的《小序》之后，概论全书的。

《毛诗诂训传》曾由郑玄作笺，唐孔颖达复依之作《毛诗正义》七十卷，后人列为“十三经注疏”之一，至今通行。清马瑞辰复作《毛诗传笺通释》，陈奂作《诗毛氏传疏》，焦循作《毛诗补疏》，林伯桐作《毛诗通考》，李黼平作《毛诗纳义》，皆为专研《毛诗》而发。它如陈启源《毛诗稽古编》、陆玑《毛诗草木鸟兽虫鱼疏》、陈第《毛诗古音考》、焦循《毛诗地理考》、洪亮吉《毛诗天文考》、徐鼎《毛诗名物图说》……都足为研究《毛诗》最佳之参考书。

第三节　《书》

一、总论

《书》为《尚书》的简称。《说文解字》说："书，著也。""著"即现在所谓著作。由是可见"书"在古代已为著作之称。古代亦专称史书为"书"，而以"史"为官名，《尚书》系上古的历史，故称《尚书》。而王肃则以为："上所言，史所书，故曰《尚书》。"他盖以《尚书》为专门记言的书。郑玄以为："尚者，上也，尊而重之，若天书然，故曰《尚书》。"这却有些近于宗教家的话，当为过于尊经而发。

古代史书，尚有"三坟"与"五典"，"三坟"为三皇的史书，"五典"为五帝的史书。"坟"与"典"亦为古代史书的名字，惟有一定限制，"坟"不能以称五帝及其他的书，而"典"亦不能以称三皇及其他的书。《尚书》中有《尧典》与《舜典》，相传即为"五典"的遗存。或以为孔子删《书》之时，"三坟""五典"皆尚存，除"二典"外，余皆为孔子所删除，故至今不传。此说之可信与否，须视孔子删书说可靠与否而定。《书纬》载："孔子得黄帝玄孙帝魁之书，迄于秦穆公，凡三千二百四十篇，为《尚书》，断远取近，定其可为世法者百二十篇，为《简书》。"删书之说即起于此。但《书纬》为西汉末伪书，不足取信，正同司马迁言《诗》原有三千余篇为孔子去其重复一样。

《书》的体制，大体颇近于后世的"纪事本末"史体，故与"编年"体的《春秋》同为史学家所推崇。然其书首的尧、舜"二典"，实纪一君的终始，却同后世纪传史中的本纪，与以后各篇不类。这或许就是"二典"为"五典"遗存之说所以发生的原由之一了。汉孔安国分书体为六，为典、谟、训、诰、誓、命。唐孔颖达则分为十体，为典、谟、贡、歌、誓、诰、训、命、征、范。后者拘泥于篇名，以《禹贡》的"贡"、《胤征》的"征"、《洪范》的"范"各分一体，很是无谓；前者最为学者所宗，兹依之略加说明如下：

典：《说文解字》云："典，五帝之书也。从册在丌上，尊阁之也。"如《尧典》《舜典》。

谟：《说文解字》云："谟，议谋也。"如《大禹谟》《皋陶谟》。

训：《说文解字》云："训，说教也。"如《伊训》《太甲》。

诰：《说文解字》云："诰，告也。"徐氏注云："以文言告晓之也。"如《汤诰》《大诰》。

誓：《六书统》云："誓，从言从折；谓以言折其罪也。"如《甘誓》《汤誓》。

命：《玉篇》云："命，教令也。"如《说命》《微子之命》。

《尚书》篇数，据《书序》所录，共一百篇，除去各家所传七十一篇外，余二十九篇完全亡失。《尚书》不但有今古文之分，而古文又有真伪之别。《今文尚书》二十九篇（亦作二十四篇），传自汉初伏生，西汉时立于学官。《古文尚书》较今文多十六篇，相传即是汉武帝时鲁恭王坏孔子宅壁中所得，孔安国拟献之朝廷，因事中止。伪《古文尚书》凡二十五篇，为东晋时梅赜所献，曾立于学官。今通行本《尚书注疏》，即以伪《古文尚书》二十五篇，加真《今文尚书》三十三篇而成，共五十八篇。然伪《古文尚书》在清以前，皆认为即孔安国所献，自清人阎若璩作《古文尚书疏证》，专辨东晋《尚书》之伪，于是伪《古文尚书》之名定，而真正的《尚书》，止剩今文家所录的二十八篇了。

二、《今文尚书》

《今文尚书》为《尚书》版本的一种，与《诗》的有《毛诗》不同。相传当秦始皇焚书坑儒的时候，书禁很严，有济南人伏生（名胜）藏《尚书》百篇于壁。其后兵起流亡，及汉定天下，归家搜救时，止存二十九篇，因以之教于齐鲁之间。或以为伏生已失其本经，全以口诵传授。孝文帝命晁错受书于伏生，错遂以汉隶写之，始有写本。后来《古文尚书》发现，乃名伏生所传为《今文尚书》。所谓今文，就是指汉时通行的隶书。

《今文尚书》向称伏生所传凡二十九篇，《论衡》则云伏生《尚书》二十八篇，余一篇为宣帝时河内女子所献，宣帝下示博士，于是才定为二十九篇。伏生《尚书》所以有二十八、二十九篇的不同，相传由于其中《康王之诰》与《顾命》二篇或分或不分的缘故。二十九篇（连河内女子所献）亦作三十四篇，因其中《盘庚》《泰誓》各分上中下三篇，《顾命》又另分出《康王之诰》一篇。清人孙星衍作《尚书今古文注疏》，即专取今文二十九篇，合之《书序》，共三十卷。

《尚书》的今文学派，即创自传《今文尚书》的伏生。他将《尚书》残余教授于齐鲁之间，传其学的，有济南张生，及千乘欧阳生。张生又传诸鲁人夏侯都尉，都尉传之族子始昌，始昌传之族子胜。胜著有《尚书异说》。胜之族弟建既从学于胜，又就学于欧阳高，与胜说颇有异同。世因称胜为大夏侯氏学，建为小夏侯氏学。欧阳生字和伯，转展授其学于曾孙高，作《尚书章句》，世遂称欧阳氏学。此三家《尚书》，西汉时皆立于学官。《汉书·艺文志》所录三家《尚书》经文，欧阳《经》为三十二卷，余皆二十九卷；又录欧阳《章句》三十一卷，大小夏侯《章句》各二十九卷，今皆佚亡。故《今文尚书》的经文今犹存，而今文学家的经说早已不传。至清代辑佚学兴，陈乔樅作《今文尚书经说考》四十二卷，于是今文学说始大略可考。

三、《古文尚书》

《古文尚书》为孔氏壁中书之一，出世时期，较《今文尚书》为后。孔安国得其书，较之《今文尚书》，多十六篇，于是以之起家教授。后来想献于朝廷，因巫蛊事发而死。其书传到东汉，贾逵为之作训，马融为之作传，郑玄为之注解，由是遂大显于世。然其中十六篇既无今文，卒无师说，不久遂逸。因这十六篇的逸失，清代今文学家颇怀疑这《古文尚书》的获得是汉代古文学家的伪说。

《古文尚书》共五十八篇，除去《今文》所有三十四篇，实得二十四篇，如以其中《九共》合作一篇，即为十六篇。《汉志》所录，为四十六卷五十七篇，桓谭《新论》则云四十五卷五十八篇。今除较今文所多的十六篇已佚失外，余三十四篇随今文而俱存。自东汉末至南北朝的北朝，《书》学都宗郑注。自唐孔颖达作《正义》，采用伪《古文》、伪《孔传》，而郑学遂亡。及清代汉学复兴，江声作《尚书集注音疏》，王鸣盛作《尚书后案》，孙星衍作《尚书今古文注疏》，段玉裁作《古文尚书撰异》，都以马融、郑玄传注为依归，于是古文学又大略可见。

四、伪《古文尚书》

伪《古文尚书》共有二种：一种产生于西汉之末，为东莱张霸所伪作，凡二十四篇。他又将《今文尚书》加以离析，采《左传》《书序》，为作首尾，成百二篇。其时真《古文》尚未佚，刘向取以相校，知为伪托，遂黜其书，故即不传于世。

一为东晋时豫章内史枚颐（亦作梅赜）所献。颐别得《古文尚书》二十五篇，又析《今文尚书》二十八篇为三十三篇，合成五十八篇，谓即孔壁的原书，与伪孔安国传同献之元帝。

元帝信之，立于学官，遂盛传于世。唐孔颖达作《尚书正义》，即为伪《孔传》为宗，于是伪《书》与伪《传》遂成为标准经典。到了宋代，吴棫、朱熹等以二十五篇的文字与今文书不相类，颇疑古文为伪书。但所疑尚是孔安国壁中书的真伪，而没有就疑到孔氏书已亡，而此为冒托。历明至清，辨伪学大兴，阎若璩作《古文尚书疏证》，遂确定二十五篇与《孔传》皆为伪书，而真《古文》、真《孔传》早已不传。于是此伪书案遂破。

此伪《古文尚书》的作者，或以为即献书人枚颐。但孔颖达作疏引《晋书》云："郑冲以古文授苏愉，愉授梁柳，柳授臧曹，曹授梅颐。"可见枚的伪书，实本于郑冲。后人以王肃尝因反对郑玄而作伪《孔子家语》，故疑此书亦肃所伪作，清人丁晏作《尚书余论》即为是说作证明。此外，也有人以为系皇甫谧所作。

当枚氏伪书行世后不久，到了齐建武中，吴人姚方兴自称于大航市得《舜典》一篇，上之朝廷。其文比马郑注本多"曰若稽古帝舜……"等二十八字，实乃分《尧典》之半而成，为伪中之伪。时梁武帝为博士，驳斥之，遂不行。但后来唐孔颖达取伪《古文》作《正义》，又取此说，反斥郑氏所述的二十四篇（即较今文多出的十六篇）即为张霸所伪造。又取今文三十三篇，从《尧典》分出《舜典》一篇，从《皋陶谟》分出《益稷》一篇，去《泰誓》一篇，《序》一篇，合之伪《古文》二十五篇为五十八篇。此即现在最通行的《尚书》注疏本，为“十三经注疏”之一。

第四节 《礼》

一、总论

《说文解字》说：“礼，履也，所以事神致福也。”这是“礼”字本来的意义，也是《礼经》称“礼”的由来。因为中国古代礼制，大源出自祭祀。所谓祭祀，便是崇拜鬼神的一种仪节。由称崇拜鬼神的仪节做“礼”，推广而称一切的仪节为“礼”，“礼”字的含义既扩大，而《礼经》也就成为无所不包。《礼记·乐记》篇说：“礼也者，理之不可易者也。”《坊记》篇说：“礼者，因人之情，而为之节文，以为民坊者也。”《礼器》篇说：“礼也者，合于天时，设于地财，顺于鬼神，合于人心，理万物者也。”“礼”的所以为礼，由此可以窥见一斑。

“礼”原是“法”的前身，故“法”起而“礼”废。

“礼”“法”都是消除破坏社会秩序的动力的法则，但“礼”则行之未然之先，“法”则施之既然之后，前者为积极的，后者为消极的。由春秋及春秋之前的礼治，一变而为战国及战国以后的法治，这是“世道人心”的一大变化，也是社会道德堕落的征象。或以“礼”为野蛮民族迷信心理的遗留，是神权时代的产物，“法”为文明国家科学头脑的表现，是人权时代的产物。前者为退化的，而后者为进化的。若果如此，“礼”之为物，似又不值我们再去注意了。

“礼”的种类，《周礼·保氏》以为有五种，为吉、凶、军、宾、嘉。《大戴礼记·本命》篇以为有九种，为冠、婚、朝、聘、丧、祭、宾主、乡饮酒、军旅。这指的都是周礼。但孔子曾说过：“殷因于夏礼……周因于殷礼。”可见夏、殷的礼，当与周礼相去不远。现在所传的《礼》凡三种，为《仪礼》《周礼》与《礼记》。至今人所诵习的，大率只《礼记》一种，且都已不知《礼记》本是传而非经。列入六经的《礼》只为《仪礼》。《周礼》原名《周官》，而不称为《礼》，后因与《仪礼》都相传为周公所作，故亦视为《礼》之一种。但《周礼》只专叙周代官制，备叙上述各种礼制的为《仪礼》，而《礼记》的一部分则为解释《仪礼》。这当中就是仅有《仪礼》列入六经的原由了。“三礼”之外，在汉时犹有《古文礼经》五十六篇，其然十七篇与《仪礼》同，今已佚失。

“三礼”的学派不同：《仪礼》为今文学，《礼记》就学派言属于今文，就内容言则古今文兼有，《周礼》为古文学。西汉初年，仅有今文学的《仪礼》，传自鲁人高堂生，后分为大戴、小戴、庆氏三家，都立于学官。同时有李氏者，始得《周官》，上之河间献王，至王莽时，刘歆奏以为经，特置博士。《礼记》亦为河间献王所献，后经戴德、戴圣删定，有《大戴礼记》《小戴礼记》两种。东汉末，马融传小戴之学，郑玄受业于融，于注《仪礼》外兼注《周礼》与《礼记》（即《小戴礼记》），于是“三礼”始并称，而《礼记》亦得立于学官。唐时贾公彦、孔颖达为“三礼”作疏，专宗郑注。宋朱熹撰《仪礼经传通解》，欲混同《仪礼》《周礼》诸书，作综合的研究。元人陈澔作《礼记集说》，明人取之，郑注遂弃。此后不独《礼记》独成为学童必读之书，而且也取《仪礼》在五经中的地位而代之。所以明清所谓五经，浅学者都知为《礼记》而不知原为《仪礼》了。至《大戴礼记》，在宋时曾一度与“十三经”并列称“十四经”，但从不会与“三礼”并列称“四礼”。同样是释礼的书，而且同一来源，而地位相去如天壤，真不幸之极了。

二、《仪礼》

《仪礼》在古时单称曰“礼”，或称“士礼”，相传为周公所作。《左传》云：“先君周公作《周礼》。”其时《周官》一书尚未称《周礼》，其所称引亦非《周官》所载，故后人疑《周礼》即为《仪礼》的别名。《汉志》著录有《礼古经》五十六卷，《经》七十卷。《礼古经》即《古文礼经》，其中十七篇与今文的《仪礼》同，故当时人称其他三十九篇为《逸礼》。此五十六卷《古文礼经》，相传亦由鲁恭王得自孔壁，而清人邵懿辰以为出于刘歆伪造。《经》七十篇即指《今文礼经》，刘歆以为七十当作十七，始与《仪礼》篇数相合。宋人张淳以为“汉初未有《仪礼》之名，疑后汉学者见十七篇中有仪有礼，遂合而名之”，这里所说《仪礼》得名的由来，殊属可信。

《仪礼》的作者，除周公一说外，尚有人以为孔子所作。朱熹则云：“《仪礼》不是古人预作一书如此，初间只是以文起，渐渐相袭，行得好，只管巧，至于情文极细密极周致处。圣人见此意思好，故录成书。”照这样看来，当非出于一人的手，与《诗》《书》同，而亦惟经孔子的删定。皮锡瑞以为《仪礼》古本或不止此数而经孔子删定，或不及此数而经孔子增补，故等于孔子所自作。

《仪礼》所记的礼，以士礼为独详，故亦名《士礼》。他如大夫的礼，仅有祭礼；诸侯的礼，仅有觐礼；大夫的昏礼、丧礼，诸侯于邦交上相飨、相食的礼，一无所闻。即以《周礼·保氏》所云五礼相较，亦缺军礼。照此看来，其书必已非足本。今将十七篇分属于五礼如下：

> 吉：即祭祀之礼。有《特牲馈食礼》《少牢馈食礼》《有司徹》三篇。
>
> 凶：即死亡之礼。有《丧服》《士丧礼》上下、《士虞礼》四篇。
>
> 军：即兵旅之礼。无。
>
> 宾：即朝聘之礼。有《士相见礼》《聘礼》《觐礼》三篇。
>
> 嘉：即昏冠、射飨诸礼。有《士冠礼》《士昏礼》《乡饮酒礼》《乡射礼》《燕礼》《大射仪》《公食大夫礼》七篇。

又，十七篇除《士相见》《大射》《少牢》《有司徹》四篇外，其余各篇后都附有记，中有称“孔子曰”等句，当为孔子之徒所追加。又，《丧服》后有传，相传为子夏所作。但传文不但释《经》，且更释《记》，则更当作于作《记》者之后。

《仪礼》在汉代，已因篇第先后不同而有三本：一为戴德本，后世称为大戴本；一为戴圣本，后世称为小戴本；一为刘向《别录》本，为郑玄所注，即现代的通行本。三本次第，清今文家以为戴德本最佳，因为他们较以《礼记·昏义》及《礼运》所说的冠、昏、丧、祭、射、乡、朝、聘八礼，其次第惟戴德本与之全合。唐人贾公彦为郑注本作注疏，后来列为“十三经注疏”之一。清胡培翚作《仪礼正义》，便远胜旧疏。

三、《周礼》

《周礼》在汉时本称《周官》。后因《尚书》内亦有《周官》一篇，易致相混，因称《周官经》。刘歆奏以为《礼经》，置博士，因称《周礼》。然宋人朱熹、郑樵等颇以称《周礼》为不当，以为宜复《周官》的旧称。此书作者，刘歆以为周公，今文学家则不但以为非周公所作，甚至斥为刘歆所伪造。宋儒或以为周公制定而未实行，或以为间有汉儒的窜改。迄今没有定论。《汉志》又著录《周官传》四篇，今不传。

《周礼》内容，与其他《礼经》不同，所述仅为分职命官的礼。全书凡六篇，为《天官》《地官》《春官》《夏官》《秋官》《冬官》。中经秦火，亡失《冬官》一篇，汉人李氏得之，上之河间献王。王悬赏千金以购求遗篇，终不可得，遂取《考工记》一篇补入。六篇所叙官司职掌，略如下述：

天官：其首领为冢宰，亦即太宰，内统百官，外均四海，举凡政教礼刑，无所不掌。与后世之宰相相似。

地官：其首领为大司徒，掌一国的土地与人口。与后世之户部尚书相似。

春官：春首领为大宗伯，掌一国的礼仪。与后世的礼部尚书相似。

夏官：其首领为大司马，掌一国的军事。与后世的兵部尚书相似。

秋官：其首领为大司寇，掌一国的刑法。与后世的刑部尚书相似。

冬官（缺）：其首领当为大司空，掌一国的经济。与后世的工部尚书稍有不同。

全书于每官的下面，又分述所属各官的职务，如《天官》所述，自小宰以下，有数千人之多。惟《考工记》非原书所有，故所载皆为百工造作之法，与其他五篇体例不类。

《周礼》得刘歆的提创，立于学官，属古文学。后由马融传之郑玄，玄为之作注。至唐，贾公彦为作注疏，列为“十三经注疏”之一。至清人孙诒让作《周礼正义》，详密审慎，远胜于前。

四、《礼记》

《礼记》是传而非经，故班固以为“七十子后学者所记”，在汉时共有一百三十一篇。后来则用为《小戴礼记》的简称。相传一百三十一篇的《礼记》，与《古文礼经》五十六篇皆得自孔壁。其后戴德传八十五篇，谓之《大戴礼记》；戴圣传四十九篇，谓之《小戴礼记》。《隋书·经籍志》以为戴圣删《大戴礼记》为四十六篇，谓之《小戴礼记》，汉末马融传小戴之学，增《月令》《明堂》《乐记》三篇，合成四十九篇，即为今本的《礼记》。但清人戴震因二书篇目每多雷同，文字也各有详略，因断二书为均直接取自百三十一篇，小戴删大戴及马融增益之说皆绝不可靠。钱大昕以为《小戴礼记》中《曲礼》《檀弓》《杂记》皆以简策最多而分为上下，实止四十六篇，合大戴的八十五篇，恰为一百三十一篇。此说大足为戴说张目。但《大戴礼记》今止存三十九篇，即加以小戴，亦不能足百三十一篇之数，由此可见《礼记》是部缺佚不全的书了。

在《小戴礼记》中，仅有《中庸》一篇知为子思所作，《大学》一篇或以为曾子作，他篇的作者皆无姓名可指。以内容言，它是部最初混淆今古文学的书籍。虽编者戴圣本人的学统属于今文学，但就书中各篇加以研究，便大有问题。近人廖平以为《礼记》及《大戴礼记》两书，有先师经说，亦有子史杂钞，最为驳杂。它采自今文学的，为今文家言；采自古文学的，则为古文家言。总计所取材料，有如下的各种：

（一）解释仪礼的：有《冠义》《昏义》《乡饮酒义》《射义》《燕义》《聘义》《祭义》等七篇。

（二）杂记礼制的：有《曲礼》《檀弓》《王制》《月令》《曾子问》《丧大记》《奔丧》等三十六篇。

（三）详论礼义的：有《礼运》《礼器》《学记》《乐记》《经解》《坊记》等十篇。详论礼义的十篇中，其《大学》《中庸》二篇，阐发义理，尤为精密。宋儒程子尝称《大学》为初学入德之门，称《中庸》为孔门传授心法之书，故朱熹特自《礼记》中抽出此二篇，为之章句，使各别为一书，以配《论》《孟》，而称为“四子书”。

《礼记》自经郑玄作注，遂与《仪礼》《周礼》同立于学官。唐孔颖达作《礼记正义》，即就郑注为疏，后人列为“十三经注疏”之一。清人朱彬作《礼记训纂》，孙希旦作《礼记集解》，都远胜于昔人所撰，而最为学者所重。

第五节 《易》

一、总论

“易”字的本义，据《周易·系辞》，则云：“易者，象也。”《说文解字》引《纬书》说云：“日月为易，象阴阳也。”这二个解释，都与《易经》的“易”字相合，因为《易经》确是部用自然现象来解释一切的书。

到了汉儒的手里，就把“易”字引申的意义，来解释《易经》的“易”字，而且所说又多不通。如刘熙《释名》云：“易，一言而含三义，所谓易也；变易也；不易也。”郑玄《易赞》及《易论》云："易简，一也；变易，二也；不易，三也。"这两种说法，含意全同。但其中一三两义，颇不能言之成理，仅"变易"一义可取。故唐人孔颖达著《周易正义》，亦仅云："易者，变化之总名，改换之殊称。"至宋人朱熹作《周易本义》，复于"变易"外，另增"交易"一义。

《易》起源于八卦。八卦本是中国古代未有文字以前替代文字用的八个符号，系叠土而成，故"卦"的古文作"圭"字，到后来才加"卜"旁。这八个符号的创作者，相传以为是伏羲，系取则于鸟兽文章与河图洛书，故有图而无学。这八个符号却代表八个具体的形象和抽象的意义：

八卦	卦名	形象	意义
☰	乾	天	阳、刚、健
☷	坤	地	阴、柔、顺
☳	震	雷	动
☶	艮	山	止
☲	离	火、日、电	丽、明
☵	坎	水、雨	陷、险
☱	兑	泽	说
☴	巽	木、风	入

后人取二卦相重，成六十四卦，于是代表的形义遂复杂，

合于所谓“变易”的意义。如乾坤两卦相重而成䷋（否卦），象天地隔绝，义为闭塞；坤乾两卦相重而成䷊（泰卦），象天地相交，义为通泰；坎离两卦相重而成䷾（既济卦），象水在火上，水火相交，意为事之既成；离坎两卦相重而成䷿（未济卦），象火在水上，水火不交，义为事之未成。此重卦为何人，则有伏羲、神农、夏禹、文王四说。

《易》是推演八卦的意义的书，在古时共有三种，为：《连山》《归藏》《周易》。《连山》久佚；《归藏》在宋时尚存《初经》《母经》《著书》等篇，今亦全佚；惟《周易》岿然独存。三易的不同，据郑玄所说，则为：

> 《连山》：以艮卦为首，象山之出云，连连不绝也。
>
> 《归藏》：以坤卦为首，谓万物莫不归藏于地中也。
>
> 《周易》：以乾卦为首，谓易道周普，无所不包也。

它们的作者，郑玄以《连山》为夏代所作，《归藏》为商代所作，《周易》为周代所作。然考之《世谱》等书，神农一曰连山氏，亦曰列山氏；黄帝亦曰归藏氏，那末《连山》与《归藏》，当为神农、黄帝所作了。

二、《周易》

《周易》为“三易”中仅存的一种，列为六经之一。《周易》的“周”字，有两种解释：一因重卦、系辞、作传的都是“周”人；一因其道“周普”，无所不备。唐贾公彦以为：“《连山》《归藏》，皆不言地号，以义名《易》，则‘周’非地号，以《周易》有纯乾为首，乾为天，天能周匝于四时，故名《易》为周也。”其说甚是。

《周易》内容，可分为辞（亦作经）与传两部。辞为释卦之文，又分卦辞、爻辞两种：卦辞定全卦的意义，爻辞解释每一爻的意义。以乾卦为例，“乾：元、亨、利、贞”为卦辞。“初九，潜龙勿用。”“九二，见龙在田，利见大人。”“九三，君子终日乾乾，夕惕若厉，无咎。”“九四，或跃在渊，无咎。”“九五，飞龙在天，利见大人。”“上九，亢龙有悔。”“用九，见群龙无首，吉”等为爻辞。卦辞爻辞的来历，郑玄等以为皆文王作，马融等以卦辞为文王作，爻辞为周公作，皮锡瑞则以为皆孔子所作。

传为释辞论卦之文，共有七种十篇，故称《十翼》。《十翼》为：《彖辞》上下、《象辞》上下、《系辞》上下、《文言》《说卦》《序卦》《杂卦》。《彖辞》所以解释卦辞。《象辞》所以解释爻辞。《系辞》则所以补充《彖辞》《象辞》的不足。《文言》专解乾坤二卦。《说卦》备说重卦之由，及重卦所成之象。《序卦》说明六十四卦相随相生的次序。《杂卦》专就相因或相反的二卦，对举而述其定义。《十翼》的作者，相传为孔子。但其《说卦》《序卦》《杂卦》三篇，颇有不信为孔子所作。

易学可分汉宋两派。汉学中的今文学派，有施氏、孟氏、梁氏、京氏四家，在西汉都立于学官。东汉虞氏世传孟氏《易》，作书很多。古文学仅有费氏一家，在西汉虽已流传民间，但未立于学官，故来源不明。东汉陈元、郑众、马融、郑玄等都习费氏《易》，为作传注。魏王弼以老庄解《易》，亦用费氏本，韩康伯复补王注所不及，唐邢琦复为王所作略例作注，为最通行之本。唐孔颖达等为作《正义》，今列为“十三经注疏”之一。宋学分图书、义理两派。图书派起源于陈抟，全本方士炼丹术的理论，在经学中最无价值，后人称为道士易。义理派起源于胡渭，继之者有程颐、郭忠孝等。南宋朱熹为作《本义》，最便初学诵习。到了清代，著名的易学家有惠栋、张惠言、焦循，而焦循更异军特起，所有著述，自成一家学说。此外如姚配中、孙星衍、丁寿昌，对易学亦各有所贡献。

第六节 《春秋》

一、总论

“春秋”本是古代记事史的通称，他和《尚书》的不同，则如孔子所云：“疏通致远，《书》教也；属辞比事，《春秋》教也。”但孟子却云：“晋之《乘》，楚之《梼杌》，鲁之《春秋》，一也。”“春秋”之名，似又为鲁国国史所专有。为什么叫“春秋”呢？因为“春秋”是编年体，年有四时，不能遍举，故取“春”“秋”以包“夏”“冬”。如《诗》“春秋匪懈”，所谓春秋亦即包举四时而言。为什么不用“夏”“冬”而用“春”“秋”呢？因为“春”是生物之始，“秋”为成物之终，始于“春”，终于“秋”，故曰“春秋”。此外又有三种异说：一、以为含有刑赏之意，如郑樵所说：“取赏以春夏，刑以秋冬。”二、以为含有褒贬之意，亦郑樵所说：“一褒一贬，若春若秋。”三、以为因成书时期的关系，徐彦以为孔子作《春秋》，始于哀公十四年春，九月书成，以其春作秋成，故曰《春秋》。这三说都在解说《春秋经》，不以“春秋”本为通名，不免近于牵强附会。

《春秋》为孔子据鲁史而作，古无异辞。但据《孟子》所言，则又似《春秋》本为鲁史旧名，并非孔子所别定。然后人因专记孔子言行的《论语》无一语说及作《春秋》，首言作《春秋》者为孟子，故疑为孟子的伪言。孔子据鲁史作《春秋》的方法，《史记》说是“约其辞文，去其繁重，以制义法，王道备，人事浃。”于是可知《春秋》本是一部平常的记事史，经遇孔子编次后，便含有所谓“微言大义”，而成为经书了。

《春秋》所记，上起鲁隐公元年，下止哀公十四年，计凡十二公，二百四十二年。书中殊多阙文阙义，故王安石讥之为“断烂朝报”。《春秋》亦因文字的不同而有今古文的分别。《汉志》有《春秋古经》十二篇，又有《春秋经》十一卷。《春秋经》即今文《春秋》，因附闵公于庄公之后，止十一公，故较古文少一卷。闵公为什么附于庄公之后呢？何休以为“子未三年，无改于父之道”，闵公立二年而薨，故当附于父后。但清儒沈钦韩则以为不过因“闵公事短，不足成卷，并合之耳”，其说较是。

《春秋》在古时，经传皆别行。《春秋》古文经为汉北平侯张苍所献，今文经则为公羊、谷梁二家所传。春秋学在汉代本有五家，为左氏、公羊、谷梁、邹氏、夹氏，后来“邹氏无师，夹氏有录无书”，故仅存其三。《左传》属于古文学，相传亦为张苍所献，河间献王立为博士。但今文家却以为刘歆所伪造。后经郑玄作注，晋杜预作《集解》，唐孔颖达为杜解作《疏》，列为“十三经注疏”之一，至今通行。《公羊传》属于今文学，汉初传自胡毋生及董仲舒，传至严、颜二家，都立于学官。东汉何休为作解诂，唐徐彦复为疏，亦列为“十三经注疏”之一。《谷梁传》，《汉志》以为属今文学，自经清人崔适斥为亦刘歆所伪造，所以供《左传》的驱除，乃亦入之古文学。汉初申公传之，至晋范宁为作《集解》，唐杨士勋复为之《疏》，遂亦列为“十三经注疏”之一。宋人胡安国别撰《春秋传》，假经文以论时政。明代以之列入《五经大全》，其书大行，几取“三传”的地位而代之，至清乾隆时始被废置。

二、《左氏传》

《左传》一书，在经传中为一部有问题最多的书，而这些问题至今多未解决。问题中最大的有二：一为《左传》与《春秋经》有无关系问题；一为《左传》作者左氏与左丘明是否为一人问题。现将这两大问题略作解释：

《左传》属于古文学派，故古文学家以为是部解释《春秋经》的书，为孔子同时人左丘明所作，应称为《春秋左氏传》。但今文家以为“左氏不传《春秋》”（意即非解释《春秋》之书），“左氏不祖孔子而出于丘明”，所以《左传》仅是古代一种史籍，而当与《吕氏春秋》《虞氏春秋》相同，称为《左氏春秋》。后人就《左传》与经文比较，果发现下列二点：一、《左传》所记，及于哀公十四年以后十七年的事；二、《左传》与经文对比，时多阙文。因此近人据司马迁《报任少卿书》以为左丘明仅作《国语》，汉刘歆因《左氏春秋》有目无书，乃取《国语》所记以合经文，始有今本的《左传》。今本《国语》，即为编成《左传》时经文无可附丽的剩余。至《左传》较经文多阙文，因《国语》原无此文，无所取材，故不得不阙。然这里所说，虽对《左传》本身发生真伪问题，但仍一致承认《左传》或《左氏春秋》或《左传》的取材，为左丘明所作。

怀疑作《左传》的左氏与左丘明为一人，则始于唐人赵匡。他以为左丘明是孔子以前的贤人，如史佚、迟任等，为当时所见称，左氏盖与公羊氏、谷梁氏相似，都是孔子以后的门人。宋王安石作《春秋解》，更引十一事以证明左氏非左丘明。叶梦得以《左传》记事终于智伯，以为左氏当为六国时人。郑樵更设八证，以明左氏非丘明，而为六国时楚人。但此说虽认左氏非丘明，却认《左传》本为左氏所作，而实有其书。

在上述的二个问题中，有不能相容的一点，就是：如《左传》果为取《国语》窜改而成，原书与《春秋》无关，则其作者不能说一定不是左丘明；如左氏与左丘明确为二人，那么《左传》为左氏所作，在事理上并非不可能。但这二个问题不易得到结论，所以我们也只好随之怀疑了。

《左传》的来源，在汉时已有三说：一、王充以为亦发现于孔壁；二、许慎以为张苍所献；三、班固以为汉代藏于秘府，为刘歆所发现。其第三说即为今文学家以今本《左传》为刘歆据《国语》伪造的根据。他的传授源流，据《经典释文》，系左丘明授之曾申，申授卫人吴起，起四传至荀卿，卿传武成张苍，至是已入西汉。后苍传贾谊，至西汉末，刘歆从尹咸、翟方进学《左传》，传之贾徽。徽子达作《左氏解诂》，同时又有陈元作《左氏同异》，郑众作《左氏条例章句》，马融因之有三家异同之说。及传至晋，杜预为作《春秋经传集解》，合经传为一，又撰《春秋释例》，流传至今。唐孔颖达作正义，即宗杜注。至清代，洪亮吉作《春秋左传诂》，复将经传分列，且专宗汉注，精到更胜于前人。

三、《公羊传》

《公羊传》专为解释《春秋》经而作。他与《左传》除学派不同外，在文字方面亦有不同：一、《左传》有续经、续传，而《公羊传》没有；二、《左传》只能说是以史实疏证本经，而《公羊传》则是就经文逐层地用问答体说明所以如此写的缘故。在内容方面的不同：《左传》以“史”为主，而《公羊传》则以“义”为主。但《左传》有真伪问题，而《公羊传》则没有，所以关于《公羊传》的问题，较《左传》要少得多了。

《公羊传》的来源，戴宏以为由子夏传之公羊高，高四传至其玄孙寿，寿乃与齐人胡毋子都著为文字，故《四库全书总目提要》即定为公羊寿所撰。但近人崔适颇不信此说，以为自子夏至公羊寿，甫及五传，则公羊氏世世相去六十余年，不会切合事实。且按其内容，也可以决其非出于一人。大概此书非是累积而成，就是已经过后人的窜改，一时决难定出其真正的作者了。

《公羊传》中“多非常异义可怪之论”，有所谓五始、三科、九旨、七等、六辅、二类、七缺等等，而以三科、九旨为最重要。所谓三科、九旨之说有二：何休以为“新周、故宋，以《春秋》当新王，此一科三旨也”；“所见异辞，所闻异辞，所传闻异辞，二科六旨也”；“内其国而外诸夏，内诸夏而外夷狄”，“天下远近大小若一”，“是三科九旨也”。二、宋氏以为：“三科者，一曰张三世，二曰存三统，三曰异内外。”“九旨者，一曰时，二曰月，三曰日，四曰王，五曰天王，六曰天子，七曰讥，八曰贬，九曰绝。”何说九旨即在三科之内，宋说九旨另在三科之外；二说虽不相同，然亦无甚冲突。因公羊家以《春秋》一经为孔子的政治哲学所在，故有此种种的异义怪论。

在西汉时，著名的公羊学者有严彭祖、颜安乐二人，当时称严氏学与颜氏学，都立于学官。传至东汉，左传学大盛，公羊学遂渐衰微。注《公羊传》的，除何休作《解诂》，唐徐彦复为作《注疏》外，以清人陈立《公羊义疏》最为精密。近人康有为作《大同书》，尤为引申公羊学的名著。

四、《谷梁传》

《谷梁传》也是专为解释《春秋经》而作，所以它的体裁，与《公羊传》相近，而与《左传》不同。其与《公羊传》相近之点：一、没有续经及续传；二、用问答式的解释体。但其义理的精深远大，却时在《公羊传》之上；且多所发明，《左传》《公羊传》所未载者，每籍以订正。所以它的得传于世，当非出于偶然了。

《谷梁传》的学派系属，前已说过，汉人以之与《公羊》同视为今文学，近人则以属之古文学。它的作者，现在已无明文可考。《汉志》仅云鲁人谷梁子，不著其名。总括他书所云，则有喜、嘉、赤、寘、俶、淑等六个名字。杨士勋说，谷梁子受经于子夏，为经作传。那么公谷当为同出一源。然杨氏所说，没有根据，或即因《公》《谷》二书体裁相近，故创是说。然细考内容，那么也与《公羊》相同，也可决其非出于一人之手。

西汉谷梁学，相传由瑕丘江公受自鲁人申公，武帝时尝为博士。时正重公羊学，江公又呐于口，故每为公羊家所折。数传至宣帝时，始与公羊并重，以江公之孙为博士，诏刘向受其书。又诏集经师评公谷异同，萧望之等皆右谷梁，于是谷梁学遂大盛。东汉郑玄专治《左传》，左氏学大行，而公羊、谷梁遂皆衰。东晋范宁集诸家旧说成《谷梁集解》，唐杨士勋作《义疏》，即以《集解》为主。清人治《谷梁传》的，不及他经之多，钟文烝撰《谷梁补注》，虽比较详明，然尚未能取代旧疏的地位而餍人望。

第七节　《论语》与《孝经》

一、《论语》

《论语》的名称，《汉志》以为开始于孔子弟子撰集的时候。但在两汉时代，或单称为《论》，或单称为《语》，或别称为《传》，或别称为《记》，或详称之为《论语说》，颇不一定。汉以后，《论语》名称的使用始渐确定。至“论语”二字的字义，解释者亦不一致：一以为“论”有撰次之意，答述曰“语”；一以为言得伦理谓之“论”，凡与人言谓之“语”。

《论语》的内容，全如《汉志》所说：“《论语》者，孔子答应弟子时人，及弟子相与言，而接闻于夫子之语也。”它的作者，《汉志》则云：“当时弟子各有所记，夫子既卒，门人相与辑而论纂，故谓之《论语》。”《汉志》仅云门人，而没有指出门人的姓氏。其后郑玄以为仲弓、子游、子夏等所撰；柳宗元以为曾子弟子所作；程颐以为曾子、有子的弟子所论撰；永亨以为出于闵氏。但这些都是就《汉志》所云而加以猜测之谈，已难定其孰最近于真相。

在西汉时候，《论语》共有三种不同的本子：一为《鲁论》，鲁人所学，凡二十篇，就是现行的《论语》的底本；二为《齐论》，齐人所学，凡二十二篇，较《鲁论》多《问玉》《知道》二篇；三为《古论》，得自孔壁，凡二十一篇，分《鲁论·尧曰》后半《子张问》以下为《从政》篇，篇次亦与齐鲁“二论”不相同。以学派言，《鲁论》《齐论》属今文，《古论》属古文。西汉时传《鲁论》的有龚奋、夏侯建诸人；传《齐论》的有王吉、宋畸诸人；传《古论》的为孔安国，曾为撰《训解》。西汉末，张禹混合《齐》《鲁》，自成为《张侯论》。东汉郑玄以《张侯论》为本，参以《齐论》《古论》而为之注，盛行于时。晋代何晏等杂采汉魏经师八家之说为《集解》,宋邢昺更为作《注疏》,列为“十三经注疏”之一。及宋朱熹辑宋儒十一家的学说,撰《论语集注》,列为“四子书”之一,尤成为最通行的读本。清人注疏，则以焦循《论语通释》及刘宝楠《论语正义》最为精审。

二、《孝经》

《孝经》和《论语》一样，本来也仅是传而非经。前人以为诸经中本来称经的，只有《孝经》，实也不然。因为《孝经》称“经”，和六经的“经”意义不同。今人解“孝经”二字，以为“孝”是“事亲之名”，“经”是“常行之典”：总括说起来，它乃是部示人以“事亲的常典”的书。在诸经中篇幅亦最短，全书字数，只有一千九百另三个。

《孝经》所述，为自天子至庶人事亲的孝道，向来被视为是一部人生必读的书。它的作者，也不一其说：一、班固、郑玄以为孔子所作；二、司马迁以为曾参所作；三、晁公武、王应麟以为曾子弟子所作；四、冯椅以为曾子弟子子思作；五、毛奇龄以为七十子之徒所作；六、姚际恒以为汉人伪作。六说虽不同，但都站在不脱与孔子发生关系的立场。

《孝经》的版本很多，除古文、今文外，尚有伪书两种。《今文孝经》凡十八篇，西汉时有长孙氏、江翁、后苍、翼奉、张禹五家传其学。《古文孝经》凡二十二篇，较《今文》原文多分三章外，又多《闺门》一章、文字亦多异同；出于孔壁，仅由孔安国一家传其学。《今文孝经》经唐玄宗二度为之作《注》，宋邢昺更为作《注疏》，今列为“十三经注疏”之一。《古文孝经》有马融为作《注》，至梁而亡。伪书有二：一为隋王孝逸所得《古文孝经》，附有孔安国《传》，相传为王肃伪作，由王邵示刘炫，炫为作《孝经述义》，今已亡佚；一为清乾隆间汪翼沧由日本得《古文孝经》孔传本，翻印流行，识者多以为为“伪中之伪”，一无价值。

第二章　子学

第一节　总论

一、名称

“子”是“诸子”的简称，也是“诸子百家”的简称。诸子所谈的学问，相当于现代的所谓“哲学”，所以也有人称“子学”为哲学。但是现在是在说国学，应该“名从主人”，所以仍沿用旧称，不名“哲学”而用“子学”二字。

“子”本来是人类的通称，有“滋生”的意思，所以《说文解字》说：“十一月阳气动，万物滋，人以为称。”后来引申为“人之嘉称”，如《谷梁传》：“其曰子，尊之也。”《礼记》：“于外曰子。”也用为有爵者之称，如《公羊传》：“子，大夫也。”子既成为尊贵的称呼，所以古时门弟子称其师亦曰“子”，也称“夫子”。先秦以前，子书都不是亲自撰述，多由门人后学录其言行，缀缉而成，所以书中都尊称为“子”，或“夫子”，或“某子”，而拿“某子”做书名。这就是“子”字名称的由来了。

“子”和“经”本同为一物，前面已经说过；但一比较他们的内容，确也有不同所在，就是章炳麟所谓：“经多陈事实；诸子多明义理。”至于它和“集”的不同所在，在于“子”为一家的撰述，而“集”为一人的撰述；子书所述学术，皆专门名家，各不相通，“集”则往往兼蒐并采，不名一家。以时代言：“子”讫于西汉而西汉以后遂无足观；“集”起于西汉而西汉以前无所闻。两者虽不同，然颇有递遭演变的踪迹可寻，所以不能说它们丝毫没有相互的关系。

“子”虽为一家的学术，但传这一家的学术决不止“某子”一人，所以“子”和“家”有狭义广义的分别。“子”只代表属于某派的一人；而“家”才是包含同派的若干“子”的总名。“派”何以称为“家”呢？因为周代系封建时代，重“世禄”的制度，不独天子之位世代相传，即乡大夫之位也是如此。而且当时“政”“教”合一，师即是官，官既传代，学遂出于一家，所以叫做“家学”，而简称为“家”。后来官制变更，学非出于一家，只要传某派的学术的，便叫“某家”。这所谓“家”，自非“家”字本来的意义了。

至于子书的名称，却并不一律，除了通例冠以姓外，有种种的不同。现据近人罗焌《诸子学述》所述，略举如下：

（一）冠以姓的，如：《管子》《庄子》《漆雕子》《列子》《孟子》。

（二）连名氏或字的，如《孙卿子》《邹奭子》《公孙尼子》《公孙龙子》。

（三）以年老名的，如《老子》《老莱子》《老成子》。

（四）以所服名的，如《鹖冠子》。

（五）以所居名的，如《鬼谷子》。

（六）冠以国名的，如《齐孙子》《魏公子》。

（七）以官名的，如《关尹子》《青史子》。

（八）只署姓名或字的，如《伊尹》《子思》（亦称《子思子》）《李克》《邓析》（亦称《邓析子》）《伍子胥》《公子牟》。

（九）署国名官名及名字的，如《周史大弢》《宋司星子韦》。

（十）称氏的，如《宰氏》《赵氏》《王氏》。

（十一）称公的，如《南公》《杜文公》《黄公》《毛公》。

（十二）称君的，如《商君》（亦称《商子》）《平原君》。

（十三）称生的，如《公梼生》《成公生》。

（十四）称先生的，如《伯象先生》。

（十五）称子或称氏而又名以春秋的，如《晏子春秋》《李氏春秋》《虞氏春秋》《吕氏春秋》。

（十六）以书之大意题名而或冠以氏的，如《内业》《谰言》《周政》《周法》《邹子终始》《吴子兵法》《孙子兵法》。

以上所举，都是先秦子书的名称，且都见于《汉书·艺文志》。照所举看来，可见“子书”称“子”，是从多数，其余尽多不同，所以不同的原因，大约总不会出于“时”和“地”的关系之外的。

二、来源

凡是一种学术的起来，必有它的来源和背景。“经”的起来是如此，“诸子”的起来何尝不是如此？所谓来源，就是历史的承受；所谓背景，就是环境的需要。这两个条件如缺其一，那么学术的能否产生就要成为问题的。

诸子学术的来源，在古书里有二种说法：一是《庄子·天下》篇，以为出于“古之道术”；一是《汉书·艺文志》，以为出于“王官”。两说虽观点各异，然而以为诸子的来源同出于一元则同。现在先举《庄子》所说：

> 不侈于后世，不靡于万物，不晖于度数，以绳墨自矫，而备后世之急；古之道术有在于是者，墨翟、禽滑厘闻其风而说之。……
>
> 不累于俗，不饰于物，不苛（本作苟，章炳麟曰：苟者苛之误）于人，不忮于众，愿天下之安宁以活民命，人我之养，毕足而止,以此白心；古之道术有在于是者,宋钘、尹文闻其风而说之。……
>
> 公而不当，易而无私，决然无主，趣物而不两，不顾于虑，不谋于知，于物无择，与之俱往；古之道术有在于是者，彭蒙、田骈、慎到闻其风而说之。……
>
> 以本为精，以物为粗，以有积为不足，澹然独与神明居；古之道术有在于是者，关尹、老聃闻其风而说之。……
>
> 芴漠无形，变化无常，死与生与，天地并与，神明往

与，芒乎何之，忽乎何适，万物毕罗，莫足以归，古之道术有在于是者，庄周闻其风而说之。……

这里所谓古之道术，此道术出于谁氏，文中没有指明，罗焌以为："以意度之，大抵如道家之伊尹、太公，墨家之尹佚、史角耳。若再穷其源，则据孟子书末章所序，可由孔子至太公望、散宜生、文王，及伊尹、莱朱、商汤，以上溯大禹、皋陶、尧、舜。唐虞以前，书缺有闲，不足征矣。"他又说："是诸子之学，尢不出自古人之遗传，惟授受师承，不尽可考，要之皆闻风兴起，私淑诸人者也。"其说甚是。其次再举《汉志》所说：

儒家者流，盖出于司徒之官，助人君顺阴阳、明教化者也。游文于六经之中，留意于仁义之际。祖述尧舜，宪章文武，宗师仲尼，以重其言，于道为最高。……

道家者流，盖出于史官，历记成败存亡祸福古今之道，然后知秉要执本，清虚以自守，卑弱以自持，此君人南面之术也。……

阴阳家者流，盖出于羲和之官，敬顺昊天，历象日月星辰，敬授民时。……

法家者流，盖出于理官，信赏必罚，以辅礼制。……

名家者流，盖出于礼官。古有名位不同，礼亦异数。孔子曰："必也正名乎？名不正则言不顺，言不顺则事不成。"……

墨家者流，盖出于清庙之守。茅屋采椽，是以贵俭。养三老五更，是以兼爱。选士大射，是以上贤。宗祀严父，是以右鬼。顺四时而行，是以非命。以孝视天下，是以上同。……

纵横家者流，盖出于行人之官。孔子曰："诵诗三百，使于四方，不能专对。虽多，亦奚以为！"……言其当权事制宜，受命而不受辞。……

杂家者流，盖出于议官。兼儒墨，合名法，知国体之有此，见王治之无不贯。……

农家者流，盖出于农稷之官。播百谷,劝耕桑,以足衣食。……

小说家者流，盖出于稗官。街谈巷语，道听途说之者所造也。……

诸子都出于王官一说，本自刘歆《七略》，而《汉志》采用其说。清人曹耀湘颇不信其说，今人胡适复作有《诸子不出于王官论》，欲将其说根本推翻，然尚未足视为定论。但古代教政不分，官师合一，《汉志》所云，如以为言过其实则可，如以为完全无稽，那当然也不会令人致信的。且它和《庄子》所说，一着重传受的渊源，一着重思想的路线，观点虽然不同，正可藉以互相发明。所以在现在时候，吾们还不能不姑且承认其所说。

三、背景

诸子的来源，即如上所述，那么它的产生的时代背景又是怎样呢？我们先来看一看古人如何说法。《庄子·天下》篇述天下治方术者众多的原因，以为由于："天下大乱，贤圣不明，道德不一，天下多得一察（俞樾云：察当读为际，一际犹一边也。）以自好。"《汉志》以为十家九流之起，"皆起于王道衰微，诸侯力政，时君世主，好恶殊方,是以九家之术，蜂出并作，各引一端,崇其所善,以此驰说,取合诸侯。"两家所说，辞虽异而意实相同。于此可见诸子的起来，实由于衰世的需要。而东周以降，迄于战国，确是中国史上自古未有的衰乱时代，所以诸子在那时极蓬勃地兴起来。《淮南子·要略》篇更分条述说各派起来的时代背景，其眼光尤多独到，现亦征引于后：

纣为天子，赋敛无度，杀戮无止……文王欲以卑弱制强暴，以为天下去残除贼而成王道，故太公之谋生焉。

周公继文王之业，持天子之政……惧争道之不塞，臣下之危上也，故纵马华山，放牛桃林，败鼓折枹，搢笏而朝。……孔子修成康之道，述周公之训，以教七十子，使服其衣冠，修其篇籍，故儒者之学生焉。

墨子学儒者之业，受孔子之术，以为其礼烦扰而不说，厚葬靡财而贫民，久服伤生而害事，故背周道而用夏政……故节财、薄葬、闲服生焉。

齐桓公之时，天子卑弱，诸侯力征，南夷北狄，交伐中国。……桓公忧中国之患，苦夷狄之乱，故以存亡继绝，崇天子之位，广文武之业，故管子之书生焉。

齐景公内好声色，外好狗马，猎射忘归，好色无辨……故晏子之谏生焉。

晚世之时，六国诸侯……力征争权，胜者为右，恃连与，约重致，剖信符，结远援……故纵横修短之说生焉。

韩，晋别国也，地墽民险……晋国之故礼未灭，韩国之新法重出，先君之令未收，后君之令又下，新故相反，前后相缪，百官背乱，不知所用，故刑名之书生焉。

> 秦国之俗，贪狼强力，寡义而趋利，可威以刑而不可化以善，可劝以赏而不可厉以名。……孝公欲以虎狼之势而吞诸侯，故商鞅之法生焉。……

上面所说，虽未必尽合当时实际情形，且亦间有遗漏。但于此可见古人研究学术之产生，已知重视时代背景，其观察力殊不下于今人，我们不得因为是古人之见而非薄之了。

至近代学者研究诸子在当时勃兴的原因，发明更多，归纳各家所说，约得下列各因：

（一）王官失职。古代学术，为王官所司，庶人不在官的，便无从受业。自官司失职，世族多降为平民，道术遂传于草野；国政既不统一，私学遂分为百家。

（二）私家讲学。古代教育为学官所掌，舍官府外无学问。自官学之制渐衰私家讲学之风遂盛。学者受师之业，或仅得其一体，或别成为一家，一唱千和，学术安得而不大盛?

（三）书籍传播。古代书籍，掌于史官，官失其守，而后公家书籍，始流播于民间。当时私人收藏颇富，学者得以随意研究。

（四）著述自由。古时官守学业，皆出于一，天下以同文为治，故私门无著述。自官师分而教法不合一，有才智的人，各以一己的知能，私相传习，于是著述风行。

（五）养士竞争。列国并立互竞，各延揽人才，以谋富强，以树声望。于是文学游说之士，因利禄之使然，“各言治乱，以干世主”，蜂起一时。

（六）社会变迁。周秦时代，为自古未有之乱世。当时社会变迁之影响，刺戟人心，仁智之士，慨然求所以解决之方，以应社会之需要。然多随社会风尚而为转移，如前举《淮南子》所说。

总之，诸子之兴，都由王纲失堕，思想行为，皆得自由发展所致。所以，反之如君权巩固，法制严密，诸子便无从兴起。由此以推，那末中国“子学”的仅盛于周秦，而在秦以后几无所闻，即有亦无足观，其故可不言而喻了。老子云：“六亲不和有孝慈，国家昏乱有忠臣。”吾们对于一个时代某种学术之所以盛，亦尽可以作如是观。

四、家数

诸子的派别，在古时叫做“家数”。《墨子·尚同》篇说：“天下为家数也甚多。”《汉志》据《七略》，分为十家九流，虽未为定论，然较之后来所分，精而不驳，究属可取。在《汉志》以前，分别诸子学派的，约有五说，现在先为引述，以见古人对于派别看法的不同。

（一）《庄子·天下》篇，历叙周代为方术的人，凡分六组：

1. 墨翟、禽滑厘
2. 宋钘、尹文
3. 彭蒙、田骈、慎到
4. 关尹、老聃
5. 庄周
6. 惠施、公孙龙

（二）《荀子·非十二子》篇，以诸子之言为奸言邪说，也分为六组，每组举二人，连他自己所法的一组二人也加入，则共得七组。七组为：

1. 它嚣、魏牟
2. 陈仲、史鳝
3. 墨翟、宋钘
4. 慎到、田骈
5. 惠施、邓析

6. 子思、孟轲

7. 仲尼、子贡

（三）《吕氏春秋·不二》篇，列举各派所贵，共得十人：

1. 老耽（耽、聃古字通）

2. 孔子

3. 墨翟

4. 关尹

5. 子列子

6. 陈骈（即田骈，田、陈古字通）

7. 阳朱（即杨朱，阳、杨古字通）

8. 孙膑

9. 王廖

10. 兒良

（四）《淮南子·要略》篇，论周秦学术的所以产生，共分八派，而终之以自著的书，共得九组：

1. 太公之谋

2. 周公、孔子，儒者之学

3. 墨子

4. 管子之书

5. 晏子之谏

6. 纵横修短之说

7. 申子刑名之书

8. 商鞅之法

9. 刘氏之书

（五）《史记·自序》，作者自述他的父亲谈论六家要旨，分为六家。正式以“儒”“墨”“法”“道”等名以名各家派别的不同，实肇始于此书。六家为：

1. 阴阳

2. 儒

3. 墨

4. 名

5. 法

6. 道德

至《汉志》所列十家，乃在《史记》六家外更增纵横、杂、农、小说四家。《汉志》又说："诸子十家，其可观者九家而已。"十家中所去的一家，历来皆以为是指小说；然罗焌较之《隋书·经籍志》，则以为所去者当为阴阳家。而且自隋以后，历代史志的子部，都无阴阳家，可以为证。《汉志》以后，目录及史志所录子部之书，日见庞杂。兵书在《汉志》本自成一略，阮孝绪《七录》以之与《诸子略》并为《子兵录》，然尚是附录性质，不即以兵为子。至《隋志·子部》，即直录兵家，又将《汉志·数术略》中的天文、历谱、五行，和《方技略》中的医经、经方，都列入子部，称为天文、历数、五行、医方，至两《唐书志》又增杂艺、类书，清《四库全书》更多谱录、释二类，于是逐渐超出了"子"的本来意义的范围，所谓子部之书，遂庞杂至于无从研究了。

其实在先秦诸子中，确然能成为"家数"的，只有儒、道、名、墨、法五家。此五家如换以现代的名词，那么儒为政治家兼教育家，道为形而上学论者，名为论理学家，墨为社会思想家，法为法律学家，在现代文化上都占着重要的位置，所以近人称先秦诸子学术思想之盛，等于欧洲中世纪的文艺复兴时代，也并不是过分的话。

第二节　儒

一、总论

“儒”字有广狭二义。《说文解字》说：“儒，柔也，术士之称。”所以秦始皇坑儒，《史记·儒林列传》则云：“秦之季世坑术士。”那么诸子都是“术士”，都可以叫做“儒”。这是广义的“儒”。《周礼·天官》云：“儒以道得民。”注云：“儒，诸侯保氏有六艺以教民者。”又《地官》云：“聊师儒。”注云：“师儒，乡里教以道艺者。”那么“儒”就是师，就是以六艺教人的人。儒家专传六艺之学，以教人为生活，所以称之为“儒”。这是狭义的“儒”，也就是诸子中的所谓“儒家”。

如问，儒家何以喜用这个解作“柔”义的儒字为名呢？那么今人胡适以为儒本是殷民族的教士，柔是殷人在亡国状态下自然养成的风气，所以成为儒家的人生观。他又从古书所记的儒的衣冠上，证明儒是一种穿戴古衣冠，外貌表示文弱迂缓的人，可见儒家又是欢喜拿柔的态度示人的人。从前好以“弱不禁风”称誉文人的雅态，这正是儒家观念嫡派的遗留。胡氏又以为孔子为殷民后裔，殷亡后有一个“五百年必有王者兴”的预言，孔子在当时被人认为应运而生的圣者，所以独为儒者所崇。明白了上面所说，那么儒家的来源所自，孔子何以为儒家所崇，以及儒家思想之所以成为儒家思想，都可以深思而得了。

历来因孔子屡屡推崇周公，所以都以周公为儒家所肇始，这是不确的。周公之所以被孔子所推崇，因为他会制礼作乐，颇与儒家宗旨相合，和他又是鲁国的开国之君。但也不能说始于孔子，因为孔子仅为后代儒家所宗奉，和他同时已有晏子也属儒家，且也很为他所推崇。自孔子把他的门下分做德行、言语、政事、文学四科，儒家始有流派可分。孔子死后，《韩非子·显学》篇以为儒分为八派，为：子张之儒、子思之儒、颜氏之儒、孟氏之儒、漆雕氏之儒、仲食氏之儒、孙氏之儒、乐正氏之儒。这八派的书，现在多数已不传。但其中也只有孟荀（即孙氏）二家在思想界占重大势力，而孟子一派，尤见久传。

先秦儒家著作，据《汉志》所著录，凡三十种，为：《晏子》《子思》《曾子》《漆雕子》《宓子》《景子》《世子》《魏文侯》《李克》《公孙尼子》《孟子》《孙卿子》《芈子》《内业》《周史大弢》《周政》《周法》《谰言》《功议》《宁越》《王孙子》《公孙固》《李氏春秋》《羊子》《董子》《俟子》《徐子》《鲁仲连子》《平原君》《虞氏春秋》。其中仅《晏子》《孟子》《荀子》今尚存全书，《子思》《曾子》尚存残余，其他都已全部亡佚了。

二、晏子

晏子名婴，字平仲，一云字仲，亦作谥平仲，春秋莱之夷维人。历事齐灵公、庄公、景公，以节俭力行重于齐，显名于诸侯。《史记》称他："既相齐，食不重肉，妾不衣帛；其在朝，君语及之，即危言，语不及之，即危行；国有道即顺命，无道即衡命。"孔子也称他："善与人交，久而能敬。"可见他为人的一斑。死后，其客哀之，辑他的生平言行成书，名曰《晏子春秋》。

后人因《晏子》中多诋毁孔子之言，疑《汉志》列入儒家为不当。殊不知儒家非孔子一人所独创，故不能以孔子代表整个的儒家。晏子非孔，正和荀子非孟一样，完全为个人见解的不同，并非攻击整个的儒家。而且《晏子》中有许多非孔的话，都出自墨家书中。如晏子谏阻齐景公以尼溪田封孔子，虽亦见于《晏子》外篇，然实采自《墨子·非儒》篇，刘向已疑非晏子之言。大约因晏子虽为儒家，但其大半思想，与墨家相合，故墨家引以自重。而晏子也确会对于孔子主张表示过异议，墨家遂引来作为攻击儒家的把柄了。

晏子学说，除主张崇礼、非鬼，其说根本与墨家相反，而与儒家全同外，其爱民、非战、尚贤、尚俭数点，确与墨子相同，然与儒家亦不相非。所以以大体而论，既与墨家有相反之点，而与儒家毫无扞挌，那么自以入之儒家为妥。故唐人柳宗元以《晏子》中多与墨家相合之言，遂疑书为“墨者之徒，有齐人者”所作，而以为当列入墨家，大为清人孙星衍所斥。但据书中所载，其行事及谏诤之言，大抵皆淳于髡、优孟之流，确与孔子的“正色立朝”不同。所以今人罗焌以为：“以诸子十家衡之，常属俳优小说一流。非晏子为小说家也，辑是书者小说家数也。”其言颇当。后世拿他与管仲并称“管晏”，那是指他们的功业而言，与二人的思想和主张全无关系。

《汉志》著录《晏子》八篇，《隋志》作《晏子春秋》七卷，《宋志》作十二卷。今本存七卷，凡内外八篇，总二百十五章。其书经刘向校定为八篇，后人以篇为卷，又合外上下二篇为一，故只七卷，并非全书有所缺失。版本以清人苏舆集校本为最善，刘师培《晏子春秋补释》本为最便研读。各史志都列晏子于儒家，独《文献通考》列入墨家，《四库全书》列入史部传记类，可见后人对于晏子的看法，见解确不一致的。

三、曾子与子思

曾子名参，字子舆，春秋鲁南武城人。孔子以其能通孝道，故授之业，作《孝经》。久居武城，为鲁费君所重。孔子死，言偃、卜商辈以有子之言似夫子，欲尊为师，曾子独持异议。《韩诗外传》称："曾子仕于莒，得粟三秉。后齐迎以相，楚迎以令尹，晋迎以上卿。"又称："仕齐为吏，禄不过钟釜。后南游楚，得尊官。"今人钱穆以为："据《檀弓》易箦之言，曾子未必为尊官。"后死于鲁。

曾子之学，以"孝"为根本，推而至于治国平天下，都以孝道行之。孔子亦常答弟子问孝，然弟子中得孝的真传的，仅曾子一人。他把孝分做三等，为："大孝尊亲，其次不辱，其下能养。""尊亲"就是《孝经》所云："立身行道，扬名于后世，以显父母。"故今人高维昌以为曾子所谓孝，都是精神养亲之道。后人不明，只着重于"养"之一字，遂生出许多繁文缛礼，反而失却"孝"的真义了。

《汉志》著录《曾子》十八篇，隋唐时存二卷，宋时亦分二卷，凡十篇，已经佚去八篇。所存十篇，皆见收于《大戴礼记》，清人阮元取而为之注释，最为善本；又，曾国荃、王定安曾编辑《曾子家语》六卷，分为十八篇，亦尚详备。

子思名伋，孔子之孙，受业曾子。尝困于宋，久居于卫。为鲁缪公师。

子思思想，当以《中庸》一书为主体。孔子尝云："中庸之为德也，其至矣乎，民鲜久矣！"子思亦尝云其说。中庸言尊德性，道问学，就是孔子所云"克己复礼"的极端功夫，可见子思全部思想，完全出自家学。但《中庸》全书，偏于言礼，《汉志》又别以入之礼家，所以今人不以子书目之，而也不以子思为子家了。

《汉志》著录《子思》二十三篇，《隋志》作《子思子》七卷，其书在北宋时尚存（见《郡斋读书志》），后即佚。梁沈约云："《礼记》《中庸》《表记》《坊记》《缁衣》四篇，皆取《子思子》。"证之《史记》明言"子思作《中庸》"，及《意林》引《子思子》十余条，一见于《表记》，再见于《缁衣》，可见其说非妄。《中庸》等四篇，今本《礼记》中都尚存在。清洪颐煊、黄以周又各有《子思子》辑本。

四、孟子

孟子名轲，字子车（《汉书》注），一作子居（《孔丛子》注），亦称子舆（同上），战国邹人，鲁公族孟孙氏之后。幼受母教。长，受业子思的门人。晚始游齐，宣王不能用。适梁，惠王不果所言。复至齐，为卿久之。归邹，入宋，以乐正子故，到过鲁。他好称尧舜，学孔子，道性善，言仁义，尊王贱霸，贵民轻君，时天下方专务合纵连横，以攻伐为贤，故历事诸侯而道不行。老年，乃退居邹，与弟子万章、公孙丑等序《诗》《书》，作《孟子》七篇。

孟子受业子思的门人，载于《史记》，但赵岐却云："长师孔子之孙子思。"（《孟子题辞》）后以孔子、子思、孟子三人的生卒年相考较，知赵说不可信。至子思的门人为谁？也已无从稽考。但孔门传授本分二支派：一为曾子，曾子传之子思，子思传之孟子；一为子夏，子夏传之馯臂子弓，馯臂子弓数传至荀子。曾子资性刚毅，近于所谓君子儒，观孟子严严气象，屡称曾子、子思的刚毅，他的进退出处，也大都相类，那么当然为其嫡系无疑了。

孟子的根本思想，是他所倡的性善说。孔子尝以为人性相近，习于善则善，习于恶则恶，所以说："性相近也，习相远也。"他独主张人性本善，以仁义礼智为人性所本有，所以他的教育方法，即主张任之自然，主张发展个性。在他说时君时，以"民事""民贵"为本，以"仁政""王道"为归，以"善战""罔利"为戒，都是蔼然仁者之言。但这种种主张,都有损国君权威,所以终不为时君所用。在二千余年之后，因“民贵”“君轻”一说，几为朱元璋逐出于孔庙之中，可见他当时得保首领以终，还算受时代的恩惠了。

《孟子》为书凡七篇，每篇又分上下，实得十四篇，共分二百五十九章。它的作者，有谓孟子自作（赵岐、朱熹），有谓孟子与弟子合作（司马迁、应劭），有谓孟子弟子所作（韩愈、姚信），有谓孟子自作而经弟子的叙定（阎若璩），有谓孟子弟子所作而杂有再传弟子的记录（林之奇），众说纷纭，莫衷一是。《汉志》著录的为十一篇，盖兼《外书》四篇而言。四篇为《性善辨》《文说》《孝经》《为政》，赵岐已认为“非孟子本真”。书已久佚，现在所存，当为“伪中之伪”了。《孟子》本书，经宋人列入经籍，为“十三经”之一，又为“四子书”之一。注本甚多，最通行的为赵岐《章句》、朱熹《集注》二种，然皆不若焦循《孟子正义》的最便于初学。

五、荀子

荀子名况，字卿，亦作郇卿，亦称孙卿子，战国赵人。青年时代曾游燕国。年五十，始于齐国游学。襄王时，曾三为祭酒。后来又游秦国，见过昭王同应侯。又到赵国，议兵于孝成王前。末了游楚国，适逢春申君当国，使他作兰陵令。后来春申君被杀，他也被废，遂从事著作。不久，就死于兰陵。

荀子与孟子虽同称儒家，同宗孔子，然因来源不同，故主张全异。他的学术出于子夏，子夏资性敏慧，有近名之习，类于孔子所谓小人儒。观于荀子主张崇礼治，法后王，确不若君子儒的宽大放任。子夏曾作《诗序》，他也作《赋篇》。子夏在孔门为文学科的健将，他却开汉代辞赋之先，可见他们即在文学上亦有相承的关系的。

荀子的根本思想，适与孟子相反，孟子以为人性本善，他以为“人性本恶，其善者伪也”，“伪”就是“人为”。后人因误解“伪”字作真伪的伪，于是对他大肆攻击，其实是无的放矢，不值识者一笑的。他既以为人性本恶，善须人为，所以他的教育方法反对任之自然，而主束之以礼；反对发展个性，而主积善以化性。他对于政治的主张，也持礼治主义。他以为人生而有欲，欲望无穷，求之不得则争而乱，故不能不以礼节欲。若人人守礼，则天下不争而太平了。他还有一和孟子相反之点，就是孟子好称道尧舜，他却主法后王。我们如以现代眼光去批判他们这种主张的曲直，那么后来居上，是人类文化演进的铁则，孟子的行仁政虽好，不免流于空想，不若荀子的法后王行礼治，才是切合当时实际情形的对症发药。此外，他又主张制天命，除迷信，他能打破弥漫于当时人心中的从古遗留下的天命观念，也是同时诸家所不可及的。

荀子的著作，《汉志》儒家录《孙卿子》三十三篇，赋家录《孙卿赋》十篇。据宋人王应麟考证，那么三十三篇当作三十二篇。刘向《校书叙录》说："孙卿书凡三百二十二篇，以相校，除复重二百九十篇，定著三十三篇。"题名为《新书》。旧作十二卷，至唐杨倞为之作注，分为二十卷，又改孙卿《新书》为《荀卿子》，其篇第亦颇有移易。这就是现在最通行的本子。清王先谦复据杨注本作《荀子集解》，尤便学者诵习。至《汉志》所录赋十篇，当是指三十二篇中的《成相》篇、《赋》篇而言。《成相》篇含赋五篇，《赋》篇有《礼》《知》《云》《蚕》《箴》五赋，又有《佹诗》一篇，凡六篇，合共十一篇，较《汉志》多一篇，故今人顾实以为《汉志》十篇盖十一篇之误。

第三节　道

一、总论

"道"字的本义是"道路"，所以《说文解字》说："道，所由道也。"后来引伸为"道术"的意义，因为“道术”是达到人生某种目的的必由的路径。照此看来，诸子百家都可名为“道”，不得独举以称老庄之流。但今人陈柱以为道前出于史，史为道术的总归，故道家为道术的全部，诸子为道术的一部；全部可以括道，一部不足以括道，故仅道家可名曰“道”。然据司马谈《论六家要指》，那么道家应作“道德家”，大约因为道家尊尚道德，菲薄仁义，其宗旨非一道字所能概括，故不能独用一道字名家。

道家的来源，相传说出于史官。史官在黄帝时已有设置，故道家托始于黄帝。其实道家中老子的年代虽与孔子同时，但其时尚无道家这个名目，何况在更前的时代。胡适以老子为儒家——就是他所谓殷教士——的正宗，因为他专讲柔道，与儒家本来宗旨相合。孔子虽称儒家，但他已把柔懦的儒改变为刚毅进取的儒，反已离开原来宗旨。故在先秦古书中仅称儒墨，并无所谓道家。至汉司马谈才称道家“因阴阳之大顺，采儒墨之善，扬名法之要”，可见它是诸子中一个最后起的混合学派。所以常为他们并称的黄老，不独黄帝为他们所托名，即老子的思想也不能代表整个的道家了。

至于道家的派别，陈柱以为可分四派：一为有为派，道家所托始的黄帝，《汉志》所录伊尹、太公、鬻熊诸家，及春秋时的管仲，他们都是有功于国家兴革的，所以都属这一派。二为无为而无不为派，老子的主张如是，所以属这一派。三为无为派，又分为三：甲为任天派，庄子属之；乙为纵欲派，杨朱属之；丙为遁世派，陈仲子属之。四为无不为派，韩非属之；但他全去老子之无为，而专重干涉，所以遂流为法家，而一般人也不以道家视之了。至于后起的道士一派，乃滥觞于秦汉间的方士，更融会以神仙五行之说，创始于东汉张道陵、张角之流，本与先秦的道家无涉。到了晋人葛洪，才把它们并合为一，而造成后世极迷信，而又极有势力的道教，与儒、佛鼎立而三。

先秦道家的著作，《汉志》凡著录三十三种，今已无一全存。三十三种为：《伊尹》《太公》《辛甲》《鬻子》《管子》《老子邻氏经传》《老子傅氏经说》《老子徐氏经说》《刘向说老子》《文子》《蜎子》《关尹子》《庄子》《列子》《老成子》《长卢子》《王狄子》《公牟子》《田子》《老莱子》《黔娄子》《宫孙子》《鹖冠子》《周训》《黄帝四经》《黄帝铭》《黄帝君臣》《杂黄帝》《力牧》《孙子》《捷子》《郑长者》《楚子》。今本《管子》《庄子》，均为残存之书；《老子》已不详为何氏之本；《鬻子》《文子》《关尹子》《列子》《鹖冠子》，都是伪书，其他皆全部亡佚。至在当时很占势力的杨朱，不独其书不见录于《汉志》，即后世亦不见流传，颇令人觉得十分奇怪。

二、管子

管子名夷吾，字仲，春秋齐颍上人。初事齐公子纠。纠死于鲁，他归齐，桓公以为上卿，号曰仲父，遂助桓公富国强兵，攘夷狄，尊周室，九合诸侯，一匡天下，成霸业。卒，谥敬子。

管子在道家中属于有为一派，故其思想偏重于政与法方面，《七略》因之把他列入法家。但他所言之法，不独与韩非不同，即与较近之商鞅亦不同。商则纯乎霸功，他犹参以王道；商之变法，大反乎周制，他惟取周制而变通之。所以他不是个严而少恩的法家，而是个实践力行的政治家。宋晁公武说他："谨政令，通商贾，均力役，尽地利。既为富强，又颇以礼义廉耻化其国俗。"最能得其真相。但《管子》中所言，各家都有，颇不纯粹。或以为宜列入杂家。这是不明道家一派，本来无所不包的缘故。杂家的书，既起于诸家之后，又是糅杂各家之言而成，并无自己的主张，虽与道家同为无所不包，但与道家之好作主张恰相反。不过其书确非出管子之手，亦非作于一时，所以内容很杂乱。胡适缘此以为乃是后人把战国末一些法家的议论，和一些儒家的议论，和一些道家的议论并合而成，决非管子所作。也不能作为定论。

《汉志》著录《管子》八十六篇，计：《经言》九篇、《外言》八篇、《内言》九篇、《短语》十八篇、《区言》五篇、《杂篇》十三篇、《管子解》五篇、《管子轻重》十九篇。今本已在梁隋时亡去《谋失》等十篇，宋时亡去《王言》一篇，凡十一篇。其中《封禅》一篇，由后人采《史记·封禅书》补入，不是原文。版本以清戴望的校正本为最精。今人颜昌峣有校释本，未刊，不知内容如何。

三、老子

老子姓李，名耳，字聃，一作字伯阳，谥聃，春秋楚苦县人。为周室的守藏史（等于现在图书馆馆长），所以孔子适周，尝就之问礼。居周很久，见周之衰，遂去。至关，关令尹喜强留之著书，乃著书上下二篇，言道德之意五千余言而去，遂不知所终。

老子为儒家正宗（说见前），抱着柔的人生观，所以主张无为。但他的柔并非真柔，乃是“柔弱胜刚强”，所以是无为而无不为。他的政治主张，主愚民，用权术，完全和他人生观相合。他虽与庄子一派道家同主崇尚自然（因为自然是无为的），但庄子一派因自然力的伟大，以为人事皆无可为，遂一切放下，所以主张“委心任运，乘化以待尽”；老子一派则欲因任之以致治，善用之以求胜，所以主张“秉要执本，清虚以自守，卑弱以自恃”。《庄子·天下》篇列老庄为两派，即因此故。

《汉志》所著录的《老子》，凡四家，为：《老子邻氏经传》四篇，《老子傅氏经说》三十篇，《老子徐氏经说》六篇，《刘向说老子》六篇。此数家传说现皆亡失，故所传《老子》亦已不能详其为何本。通行本有王弼注、河上公注二种，皆分上下经。河上公注系伪托，且每章加题目，尤为近俗。王弼注本已名《道德经》，凡八十一章，与刘向校本最近。自汉以来，注《老子》的不下数百家，以今人杨树达的《老子古义》解释为最精，陈柱的《老子集训》为最备。诸子中道家之书得称经，实始于汉景帝的尊崇黄老。至唐代又因同姓关系，高宗甚至封老子为玄元皇帝，故其书尤见尊重。

四、庄子

庄子名周，战国宋蒙人。尝为蒙漆园吏，与梁惠王、齐宣王同时。于学无所不窥。楚威王闻其贤，使人请他去做官，他笑而作譬以辞。与惠施交好，施先于他而死。又尝隐居南华山，妻死，鼓盆而歌，以示旷达。

他的思想，虽与老子同属道家，但不尽相同，已见前述。当楚威王使人以千金去聘他做卿相的时候，他笑对使者道："千金，重利也；卿相，尊位也。子独不见郊祭之牺牛乎？养食之数岁，衣以文绣，以入太庙；当是之时，虽欲为孤豚，岂可得乎？子亟去！毋污我！我宁游戏污渎之中自快，无为有国者所羁，终身不仕，以快吾志焉。"这段记载见《史记》。《庄子·秋水》篇亦记此事，惟以神龟取譬，稍与《史记》不同。《列御寇》篇亦记之，文与《史记》同，惟未言楚王。这一个故事，很可以做他所以抱那"委心任运，乘化以待尽"的主张的注脚。他既处身物外，所以他对于一切人为所起的是非、成毁、寿夭、美恶，都一视同仁，他不特看君民是平等的，连人与万物禽兽亦皆等量齐观。所以他实是个彻底的平等主义者。

《汉志》著录的《庄子》，凡五十二篇，有司马彪、孟氏的注本，今已失传。今本仅三十三篇，凡《内篇》七篇，《外篇》十五篇，《杂篇》十一篇，已少去十九篇。今人大都相信《内篇》为庄子自作，余皆后人所为。其书亦名《南华真经》，晋人已有称之者。注释本以郭象注本最通行，但相传郭注系窃自向秀，为学术史上一大公案。其他注释本很多，不下数十种，但以郭庆藩的《集释》最详而备，王先谦的《集解》最简而要，于学者各有所便。

五、杨子

杨子名朱，亦称阳子居，一作字子居，春秋时人。庄子说他是老子的弟子。尝游于梁、鲁、宋、沛各地，且见过梁王。又尝与墨子的大弟子禽滑厘互相辩论。他有朋友名季梁；有弟子名孟孙阳。今人蔡元培以为杨朱即庄周，其言殊不可信。

杨子因无著作传于后世，且又不见于《汉志》的著录，所以很少有人注意。但孟子斥异端，杨墨并称；说他主“为我”，等于无父无君的禽兽。又说，“今天下不之杨则之墨”，可见当时杨学曾风靡一时。那么杨朱的主张究竟是怎样一种东西呢？原来杨子的为我主义，与墨子兼爱主义，产生于同一背景。当战国时代，各国间战争不息，因之饥荒连年，百姓痛苦不堪，他们都想法去救济。但墨子以为天下之乱，起于不相爱，故主“兼爱”；杨子以为天下之乱，由于不知自爱，为人利用，故主“为我”，类于现在甘地的不合作主义。他们同样为了要救世，但一主积极而一主消极，所以在表面上似成为截然相反的两派，其实确是“殊途同归”的。然“兼爱”“为我”如实行，与儒家的“伦常”观念发生冲突，所以孟子不得不大声疾呼的想打倒他们了。

记载关于杨子的书，现在只存《列子》中的《杨朱》篇。《列子》虽是一部已被判定的伪书，可是多数学者却承认《杨朱》篇确是战国时代一种记载杨朱言行的文字，是被编《列子》的人胡乱拉入的。所以今人要研究杨朱，尽可根据这篇文字。此外，在《列子》《仲尼》《力命》《说符》三篇中，亦有关于杨子的记载；《庄子》《应帝王》《寓言》二篇中，都写他和老子的问答；《韩非子·说林上》篇中，也记有他的轶事。这许多记载，不独无与杨子思想矛盾之处，且可藉以阐明他的主张，所以也都不是出于任意的胡造。今人陈此生作有《杨朱》一书，考据生平，阐发思想，搜缉遗文，很是完密，也是部研究杨子所不可不读的书。

第四节　名

一、总论

“名”字的作用在于“自别于人”，所以《说文解字》说：“名，自命也，从口夕。夕者，冥也，冥不相见，故以口自名。”人既可以名自别，引而申之，万物本无名，亦可制名以资分别。这是名的起源。名定而万物有别，所谓名家者，乃出而循名以责实，务使名实相副，而万物乃得藉以不乱。所以所谓名家，他们所传述的仅是一种治学的方法，本身不能自成一家的思想，与其他各家根本不同。

名家所治，既是一种治学方法，所以为当时各家所俱有。像老子要“无名”，孔子要“正名”，墨子说“言有三表”，杨子说“实无名，名无实”，荀子有《正名》篇，庄子有《齐物论》，这都是各家的名学。因为家家都有名学，所以当时没有所谓名家。等到惠施、公孙龙一流人出来，专以言辩服人，藉以取得高贵地位，这才成为专门的名家。胡适以为名家出于《墨辩》，是墨家的后进，所以名为“别墨”，而以“名家”这个名字为不通，这是对的。庄子称之为“辩者之徒”，也与胡适同意。我以为不如直截地叫做辩家，那更要切实地多了。所以从前所谓“名家”，如果“循名责实”起来，可说是名不副实，这真是个极幽默的矛盾。

名家向无派别可言，所以我们只能说说“名”的分别。《墨经》分名为“达名”“类名”及“私名”三类，如“物”是达名，马是类名，舜是私名。伪《尹文子》则分为“命物之名”“毁誉之名”及“说谓之名”三类。这是就名的应用来分的。荀子则分为“刑名”“爵名”“文名”“散名”四种。“刑名”“爵名”“文名”都是专名，所以在当时很能统一。独“散名”散在人间，随俗而异，最易淆乱，这就是名家致力所在。孔子所要“正”的，大约也偏重在这一方面。辩者所要“循名责实”的，当然也是这种了。

先秦名家著作，《汉志》共录七家，为《邓析》《尹文子》《公孙龙子》《成公生》《惠子》《黄公》与《毛公》。今仅《邓析》有存书，但作者非纯粹辩者。《公孙龙子》则残存十之三四。《尹文子》一篇，今本作二篇，系伪作。其他如《成公生》五篇，《惠子》一篇，《黄公》（名疵，为秦博士，与黄公同时）四篇，《毛公》（赵人，公孙龙之徒，并为平原君客）九篇，皆完全佚亡，仅《惠子》有马国翰辑本。

二、邓析子

邓析子，姓邓名析，春秋郑国人。时子产相郑，铸《刑书》，邓析专门和他为难。他与民之有狱者约，大狱一衣，小狱襦袴，于是民之献衣、襦袴而从他学讼的多至不可胜数。他以非为是，以是为非，是非无度，而可与不可日变，欲胜即胜，欲罪即罪。这种行径，好像后世的讼师一样。但他欲改子产所作《刑书》，故私作《刑法》，以其书于竹简，故称《竹刑》。他后来卒因乱法被诛。诛他的人，《荀子》《吕氏春秋》《说苑》《新序》《列子》都说是子产，仅《左传》说是驷歂。他死后，他的《竹刑》，驷歂仍加以采用。

邓析的思想，全出于他的“无厚论”，所以后世把他列入名家。照《韩非子》所说：“坚白无厚之辞章而宪令之法息。”似乎名家与法家是不能相容的。但他以为君于民无厚，父于子无厚，兄于弟亦无厚，却主张斩绝私恩，奉行公法。所以他虽乱子产的法，却不是反对有法，他曾说过：“循名责实，君之事也；奉法宣令，臣之职也。”原来他以为名是用来监督法的，所以他所反对的法，乃是有名无实的法。他自己也著有《竹刑》，他如根本反对法，就不会有此一事了。

《汉志》著录《邓析子》二篇。今本存一卷，亦分二篇，为《无厚》与《转辞》。其文节次不相属，似为缀缉所成，并非原本。王恺銮有《邓析子校正》，颇便研究。

三、公孙龙子

公孙龙子，姓公孙，名龙，字子秉，战国赵人。初游燕，尝说昭王偃兵。复归赵，以坚白之辩鸣于时；平原君信其说，遂以为门客，很厚待他。尝议偃兵于惠文王前。邯郸围解，虞卿欲为平原请封，他夜见平原，劝他辞谢。后来齐使邹衍过赵,平原以龙说问衍，衍以为“烦文以相假，巧譬以相移”，有“害大道”，平原君遂黜去他。后又与魏国公子牟相善，乐正、子舆等也很攻击他，可是公子牟不听，所以其说得大行。有徒毛公、綦毋子等。

《庄子·天下》篇称公孙龙为辩者之徒，那么他的学术也当有师承。他的坚白之辩，见于他的《坚白论》，大意为“石之质坚而色白，目视石而知其白，手触石而知其坚；然凡坚者皆谓之石不可也，白者皆谓之石亦不可也。且就目言，只有白石；就手言，只有坚石。目手不能相接，故白不知坚，坚不知白，亦不可云坚白石。”说颇精深，然近于诡辩。《史记》又说他：“尝与辩者桓团之徒以二十一事相訾应。”二十一事不载今本《公孙龙子》，见于《庄子·天下》篇，其目为：卵有毛，鸡三足，郢有天下，犬可以为羊，马有卵，丁子有尾，火不热，山出口，轮不蹍地，目不见，指不至、至不绝，龟长于蛇，矩不方、规不可以为圆，凿不围枘，飞鸟之影未尝动也，镞矢之疾、而有不行不止之时，狗非犬，黄马骊牛三，白狗黑，孤驹未尝有母，一尺之棰、日取其半、万世不竭。公孙龙最出名的学说，除“坚白论”外，尚有“白马非马”“臧三耳”两条，但不在此二十一事之内，所以今人都以二十一事为辩者所共同有，不能单属之于公孙龙一人。

《汉志》著录《公孙龙子》凡十四篇，今仅存六篇。清人姚际恒以其不载于《隋书·经籍志》，故定今本为伪书。陈柱以《隋志》道家有《守白论》，《唐志》则有《公孙龙子》而无《守白论》，《守白论》即《坚白论》，为《公孙龙子》的异名，故今本非伪书。今本的六篇，除《迹府》篇外，皆龙所自著。注解本有金受申《公孙龙子释》，尚称详赅。

四、惠子

惠子名施，字盎（？），相传为战国宋人。曾相梁惠王。齐梁会于徐州，相推为王，即出施的政策。后来张仪入梁为相，欲以梁合于秦韩而攻齐楚，他欲以梁合于齐楚以按兵，仪的主张胜利，他遂去梁至楚。楚碍于张仪之约，知宋王颇慕他，遂纳之宋。但他以仁义说宋康王，康王“所欲者，勇有力也”，所以他又对以孔墨之道。未及三年，张仪离梁，他仍返梁，又为梁使楚使赵。此后不久，他便死了。他和庄周为挚友，这是读过《庄子》的人都知道的，可以不须说明了。

《庄子·天下》篇说：“惠施多方，其书五车。”可见惠子的学术本是不专主一家的，而他的著作又是特别的丰富。所以当时黄缭问他天地所以不坠不陷，和风雨雷霆之故，他“不辞而应，不虑而对，编为《万物说》”。但他的《万物说》，现已不传，所传的仅存关于名学的历物之意十条，见《庄子·天下》篇。十条为：（一）至大无外，谓之大一；至小无内，谓之小一。（二）无厚不可积也，其大千里。（三）天与地卑，山与泽平。（四）日方中方睨，物方生方死。（五）大同而与小同异，此之谓小同异；万物毕同毕异，此之谓大同异。（六）南方无穷而有穷。（七）今日适越而昔来。（八）连环可解也。（九）我知天下之中央：燕之北，越之南是也。（十）爱万物，天地一体也。一至九条说一切空间时间的分割区别都非实有；一切同异，都非绝对，故下断语道："天地一体也。"因为"天地一体"，故"泛爱万物"。景爱原是兼爱主义的极端，所以他是墨家的信徒。胡适称名家做"别墨"，此亦足以为证。

惠施的著作，《汉志》著录《惠子》一篇，隋时已佚亡。清人马国翰有辑本，凡一卷十四节。钱穆有《惠施公孙龙》一书，论述颇详。

第五节　墨

一、总论

"墨"字的意义，本是"写字用的墨"。因为墨的颜色是黑的，于是引申为“黑”“蔽塞”“烧田”“贪污”“晦暗”……诸义。古时又用作姓，禹师有墨如，出《潜夫论》，春秋时乃有墨翟。至“墨家”的所以称“墨”，也有两种说法：一是因为墨家的创始者墨翟姓墨，古时杨墨儒并称，杨既为杨朱的姓，墨当然是指墨翟的姓了。一是象征墨家的人格，就是“垢面囚首”“面目黎黑”的意思，相当于“墨”字的字义“黑”和“晦暗”两义，各派中惟墨家能如此，故用以为称号。

相传以为墨子的学术，出于夏禹。《庄子·天下》篇云：“墨子称道禹行曰：不能如此，非禹之道也，不足为墨。”可见墨子也曾以此自称。本来夏禹的为人，以朴质著称，孔子称他“菲饮食，恶衣服，卑宫室”，庄子称他“亲自操橐耜，而杂天下之川，腓无胈，胫无毛，沐甚风，栉甚雨”，吕不韦称他“忧其黔首，颜色黎黑，窍藏不通，步不相过”，确与墨家言行有相同之点。但清人汪中颇反对此说，所以他在《述学》里说：“墨子言尧、舜、禹、汤、文、武者六，言禹、汤、文、武者四，言文王者三，而未专及禹。禹为三年之丧，而墨子短丧，则未以禹为法。”其说颇有理由。总之，墨家之学，颇与禹的为人有相同之点，而墨子个人，也很钦佩禹的为人而取以为法，这是有的。如说完全出于夏禹，那无非是相信“托古改制”者的话的人才会相信，事实绝不会这样，因为时代终竟是向着前进的。

被称为墨家的，在墨子以前，尚有周成王时的史佚，可见墨家的起源，远在墨子前数百年。等到墨子出来，学术始告成熟为一派，而与儒杨同时并驰。故墨子以前及墨子在时，墨学本身并不分派。墨子之后，才有派别可言。顾实据《庄子·天下》篇分墨家为南北两派：北派为“相里勤之弟子，五侯之徒”；南派为“苦获、已齿、邓陵子之属”。韩非子以为墨子死后，“有相里氏之墨，有相夫氏之墨，有邓陵氏之墨”。据此，则墨家又分为三派。清人俞樾以为今本《墨子》中《尚贤》《尚同》等十篇都分上中下三篇，字句小异，而大旨无殊，当系用此三派所传之本合成。此说如成立，自以分三派较分两派为近于真实。墨家既以拯世救弊为主，以死为能事，故后来又一变而为“侠”。韩非所谓“侠以武犯禁”，即指此派。而且由此可见“侠”在战国时已盛行了。

《汉志》著录墨家的书凡六家，为：《尹佚》《田俅子》《我子》《随巢子》《胡非子》《墨子》。尹佚，亦称尹逸，亦称史佚，周初太史，事武、成、康三王，与太公、周公、召公总谓之“四圣”，所著书凡二篇，今已逸，马国翰有辑本一卷。 田俅子即田鸠，齐人，著书三篇，今亦亡，马国翰、孙诒让皆有辑本。随巢子著书六篇，胡非子著书三篇，皆墨子弟子，书并佚，马孙皆有辑本。今独墨子书尚存，但中间亦已有佚失。

二、墨子

墨子姓墨，名翟，今人江瑔以为姓翟，墨乃他所奉学派的名，春秋鲁国人，亦作宋国人。其年较孔子为后。尝劝鲁君卑辞厚币以事齐。鲁人公输般为楚造云梯，将以攻宋，他在鲁闻之，行十日十夜至郢，劝公输般停攻。两人因在楚王前较技，墨子解带为城，以牒为械，公输般九设攻城的机变，墨子九拒之，公输般的攻械完，墨子还守围有余。公输般服，遂止攻宋。楚惠王时，墨子至郢献书，惠王听鲁阳文王之言，封以书社五百里，不受而去。常事宋为大夫，又南游卫。老而至齐，见大王田和，劝以非攻。不久便卒。有弟子禽滑厘等三百人，奔人之难，蹈火不辞。

墨子是一个纯粹的救世主义者，所以反对虚华的礼乐，着重实际的需要。他的兼爱主义，完全为应世而创，与儒家的侈谈王道，出于浮夸者迥不相同。清人孙诒让称他："其学务不侈于后世，不靡于万物，不晖于数度，以绳墨自矫，而备世之急，作为非乐，命之曰节用，生不歌，死无服，泛爱兼利而非斗，好学而博不异，又曰：兼爱、尚贤、右鬼、非命。以为儒者礼烦扰而不倪，厚葬靡财而贫民，久服伤生而害事，故背周道而用夏政。亦道尧舜，又善守御……”最能得墨学的真相。

《墨子》见于《汉志》著录的凡七十一篇，宋时亡八篇，存六十三篇。《隋志》作十五卷，今本同，惟存五十三篇。墨学主旨所在，见前三十余篇。其《经》上下、《经说》上下、《大取》《小取》六篇，为“名家”言。《备城门》以下十一篇，为“古兵家”言。注释本以清人毕沅注本最通行，今则盛行孙诒让《墨子间诂》。其言名学诸篇，有梁启超《墨经校释》、范耕研《墨辩疏证》、邓高镜《墨经新释》、谭戒甫《墨经易解》，各有精见，都可备参考。

第六节　法

一、总论

“法”，字本作“灋”。《说文解字》说：“灋，刑也。平之如水，从水。廌，所以触不直者去之，从廌去。”于此可见法贵乎平，而用以去不直的人。古时礼法并称：礼是儒家的末流，仁义不行始用礼；法是道家的末流，道德不行始用法。

故礼近王道，法近霸道。而法家的主旨，便在于怎样使刑法平等而普遍。

法家本出于道家的无不为派，为道家的末流。但法的应用，却远在古代，法家不过起而提倡之，并非特创。《易·蒙卦》云："利用刑人，以正法也。"可见这时已实行刑法。但法家却不着重"正法"，而着重在"名正法备，则圣人无事"。他们的意思，以为天下之乱，起于没有一种平等而能普遍的法，使百姓循蹈而行；有了法，大家循法做事，天下就可安静无事了。所以他们虽是"无不为"，然而也是"为而不为"，确不背反道家的主旨。至法和礼的区别，便在他们对待叛法违礼的人的方法不同，一主消极的干涉主义，一主积极的化导主义，故前者主严酷，后者主宽恕。照此看来，法家之起，又是世风衰堕的象征了。

今人陈柱分法家为五派：一为尚实派，重实业，如李悝尽地力之教，商君重农战之法，管仲兴鱼盐之利都是，等于现代的实业救国派。二为尚法派，如商君。三为尚术派，如申不害。"法"与"术"的派别，术为"人主之所执"，法为"臣之所师"。前者不公开而后者公开，前者易流于独裁而后者能兼顾大众。四为尚势派，如慎子。他以为"贤知未足以服众，而势位足以诎贤者"，所以主尚势以行法。五为大成派，如韩非。他极重功利，主“法”“术”不可偏废，亦不轻蔑“尚势”，在法家中最为后起，所以向称之为集大成者。

先秦法家的著作，据《汉志》所载，有如下的五家：《李子》《商君》《申子》《慎子》《韩子》。李子名悝，魏文侯相，所作《李子》三十二篇，隋时已佚亡，今存黄奭辑《李子法经》六篇，严可均辑《李悝文》三篇。申子名不害，韩昭侯相，所作《申子》六篇，宋时已佚亡，今存马国翰辑本一卷，凡二十四节，严可均辑本十三节。其他诸家，除《韩子》尚全存外，《商君》《慎子》均有残存，说详后列各专篇。

二、商子

商子，姓姬名鞅，本为卫国的庶孽公子，故称公孙鞅，亦称卫鞅。后以佐秦有功，封于商，因称商君，亦称商鞅。初事魏相公叔痤为中庶子，痤临死，荐于惠王，王不能用，他遂去魏入秦。适孝公下令求强秦之策，与语大悦，任以为相。他乃行保甲，与农事，废除封建，创立郡县，平均赋税，统一度量衡制，大变秦法。秦国大治。但他立法严格，贵族平民犯法同样处以刑罚，于是卒因太子犯法，刑其师傅，招了怨恨，一旦太子即位，遂以叛国罪加在他身上，他欲避无门，终至被执，车裂而死。后世因称他的死为“殉法”。

商鞅之学，出于李悝。《晋书·刑法志》云：“李悝撰次诸国法，著《法经》，商君受之以相秦。”其言当有所本。然《法经》主旨，以王者之政，莫急于盗贼，故其律着重捕罚盗贼；商君的学术却不是这样简单。而且当他始说孝公时，系以帝王之道，孝公以久远不能待，才换说以“强国之术”。可见商君之成为法家，也是他的际遇所促成的。如果他的“帝王之道”得行时，他又不是一个十足的儒家吗？但时代却不允许他啊！

商君治秦的根本方法，在于变法。他以为“法者君臣之所共操也”，所以他的法是极平等而须共同遵守的。他因为要法生效，所以主重刑；但他因为要君臣对法共同负责任，所以又主“壹刑”。这种方法，用之于像一盘散沙的国家，正是对症发药。但这种对于大多数有益的平等的法，不免有损少数特权阶级的威权，所以他终至坐是招尤而以身殉法。所以后人虽说他严而少恩，但他的平等观念和大无畏的精神是值得现代政治家的效法的。

商君著作，《汉志·诸子略》“法家”著录《商君》二十九篇，《兵书略》又著录《公孙鞅》二十七篇。今人王时润以为两书实即一书互见，不过篇目多寡微有不同；顾实却以为是两书。今本《商君书》存二十四篇，其中三篇专言兵事，其余也有涉及兵事的，可见两书确有相同的所在。注解本有朱师辙《商君书解诂》，最为详确。

三、慎子

慎子名到，一作名滑厘，字到，战国赵人，或云，齐之隐士。《史记》说他“学黄老道德之术”。齐宣王好文学游说之士，他和邹衍等七十六人，皆赐列第，为上大夫。尝仕楚，为顷襄王傅，以计却齐之索地。又尝为鲁将军，欲伐齐取南阳，时孟子亦在鲁，以为不可。

慎子既学黄老之术，自当属之道家。然法家本出自道家，且为道家四派之一，所以说慎子属于道家固可，说他属于法家也未尝不可。《汉志》说他：“先申韩，申韩称之。”可见他颇为后起的法家所重。慎子的根本思想，在“弃知去已而缘不得已”，所以他对于政治，主张用无知的法治代有知的人治。而他的法，却不是商鞅一派的严而少恩的法，乃是因势利导的法，所以还未违失道家的根本主张——自然主义。但他究竟还是主以法治代人治的人，所以到底做了后起法家的攀援。

慎子的著作，《汉志》作四十二篇。因为《史记》说他“著十二论”，《意林》亦云十二卷，所以罗焌疑心《汉志》衍一“四”字。其书唐时尚存十卷，今仅存一卷，凡五篇。清严可均又从《群书治要》辑出七篇，与五篇本并见通行。近又有《四部丛刊》影印抄明本，分内外二篇，末附“补遗逸文”，内容较上述二本多出倍蓰，最为足本。王斯睿为作《校正》，后附《集说》一卷，更便诵习。

四、韩子

韩子名非，战国末韩国的疏属公子。为人口吃，不能道说，而善著书。与李斯俱事荀卿，斯自以为不如。时韩国日见削弱，非屡以书谏韩王，王不能用。他乃退而作《孤愤》《五蠹》《内外储说》《说难》十余万言。秦王见其书，急攻韩以求非，韩乃遣非使秦。为李斯等所谗，下狱中，非欲见王自陈，不可得。斯又遗以药，遂自杀。

《史记》本传说他：“喜刑名（当作形名）法术，而归其本于黄老。”可见他的学术不来自一源。他又是荀卿的弟子，荀卿主礼治主义，儒家的礼等于道家的法，礼和法本是一源而异流的，所以他的主法治，并不与师异趣。有人说，法家起源于礼，这就因他是荀卿的弟子而说的。他在法家中为集大成派，在昔商君主法，申不害主术，他便以为：“术者，主之所执；法者，臣之所师。君无术，则蔽于上；臣无法，则乱于下。”二者须兼用。他又受荀卿“性恶说”的影响，以为人性都利己，故主以惨酷的法术治之，才有效力。所以他对于法：重“严”，谓严密；重“必”，谓必行；重“一”，谓统一。像这样的法，才是“刑罚不中”“令出不行”“法律不公”时代的对症发药，正是当时一般人所求之不得的。

《韩子》亦名《韩非子》，《汉志》著录的凡五十五篇，与今本篇数同。但今本的第一篇《初见秦》，亦见《战国策》，为张仪说秦王的话，故力劝秦王攻韩。古书文字彼此互见本不希奇，但它与第二篇《存韩》自相矛盾，那么当由《战国策》错入无疑。由此以推，其他各篇可信的程度，也须减折的。通行本略有注，简陋殊不足取。清王先慎荟集诸家之说，成《韩非子集解》，现在很是通行。

第三章　史学

第一节　总论

一、名称

“史”的现代名称，就是“历史”。但中国向来所谓“史”的内容，实包罗现代所谓“社会科学”的全部；所以所谓“史”，和现在所谓“历史”，名字或可通用，而所含的意义，却有广狭的不同。

“史”字的本义，原是一种职名，所以《说文解字》说：“史，记事者也。从又，持中；中，正也。”照此看来，“史”是一种执笔记事中正不阿的人，相当于古代的史官。但《周礼》却说：“史，掌官书以赞治。”《玉篇》也说：“史，掌书之官也。”

这所谓“史”，却又似后代的图书馆馆长。老子为柱下史，他所担的就是这种职务。我们总括上面二说，可以决定“史”本是古代官名，但以所掌不同，故又分做二种：一种是作史（记事）的官，一种是管史（掌书）的官。一负书写的责任，而一负保管的责任。

“史”为什么会成为官名呢？因为古代一切学术，皆掌于官，民间不得私相传授；“史”亦为学术之一，所以也立官以掌，而成为一种官名。古时民间不能私撰“史”，也不能收藏“史”书，就因有官的缘故了。

“史”和“经”也可以说是同为一物，因为“史”和“经”同以“陈事实”为主。所以在晋以前，史学并不独立。清人章学诚说：“六经皆史也。”可见他是以“经”为“史”的。而《汉志》将后代列入史部的书，都列入《六艺略》“春秋”后面，却以“史”为“经”的附庸。这二家的见解虽相反，而视“经”“史”为本为一物则一。但在现在，我们如把“经”当做“史”看待还可以，如欲以史部的书全归入经部就不可了，因为现在所有史部的书，较之《汉志》时代，其内容的复杂，已相去千里，决不能尽以纳入“春秋”一类了。

“史”是“人类全体的传记”（陈衡哲《西洋史》），

它的作用，在于“达道义，彰法式，通古今，著功勋，表贤能，叙沿革，明罪恶，旌怪异”（刘知几《史通》），所以它在学术上的地位很隆高。在国学中，它又居“四部”之一，与“经”“子”“集”并立，自成一个大系，而内容又多至无所不包。近人梁启超说：“中国于各种学问中，惟史学为最发达；史学在世界各国中，惟中国为最发达。”可见中国史学的成绩。

中国历来所著史书，它的名称很不统一，而且也很繁琐。我们即单以属于“记事”一类的普通史书而讲，已有如下的种种称谓：

（一）称坟的，如《三坟》。

（二）称典的，如《五典》《齐典》《梁典》《通典》。

（三）称书的，如《尚书》《汉书》《晋书》。

（四）称春秋的，如《吴越春秋》《汉晋春秋》。

（五）称史的，如《通史》《南史》《北史》。

（六）称志的，如《三国志》《华阳国志》《燕志》《通志》。

（七）称纪年的，如《竹书纪年》《十国纪年》。

（八）称纪的，如《汉纪》《吴纪》《明纪》。

（九）称略或要略的，如《魏略》《帝王要略》。

（十）称录的，如《吴录》《晋录》《江南录》。

（十一）称历或年历的，如《晋历》《陈王业历》《帝王年历》。

（十二）称记的，如《东观汉记》《洞记》《十代记》。

（十三）称通载的，如《编年通载》。

（十四）称鉴或通鉴的，如《资治通鉴》《蜀鉴》《唐鉴》。

（十五）称故事的，如《中朝故事》《太平故事》《八王故事》。

（十六）称实录的，如《贞观实录》《六朝实录》。

（十七）称事或纪事的，如《宋中兴伐逆事》《开成纪事》《前蜀王氏纪事》。

（十八）称史记的，如《史记》《五代史记》。

（十九）称本事的，如《吕布本事》。

（二十）称遗事的，如《贞陵遗事》《开元遗事》。

（廿一）称语或语录的，如《国语》《魏晋世语》《宋齐语录》。

（廿二）称策的，如《战国策》。

（廿三）称传或外传的，如《穆天子传》《春秋左氏传》《后汉外传》。

（廿四）称编年的，如《孔子编年》《帝王编年录》。

（廿五）称事略的，如《元名臣事略》《国朝先正事略》。

（廿六）称考的，如《古史考》《文献通考》。

（廿七）称会要的，如《西汉会要》《唐会要》。

（廿八）称纲目的，如《通鉴纲目》。

（廿九）称事迹的，如《吴湘事迹》《江南李氏事迹》。

（三十）称起居注的，如《唐创业起居注》《梁大同起居注》。

（三一）称旧事的，如《秦汉以来旧事》《三辅旧事》。

（三二）称纪事本末的，如《通鉴纪事本末》《宋史纪事本末》。

以上所举，还没有全备，然即此已可见它的繁琐的一斑。所以我们如不把它们综合拢来加以辨析，那么中国的“史”究竟是些什么，它们的体裁如何，简直无从回答起。在本节的后一段，便将“史”的分类专门加以讨论。

二、来源

“史”是记事的官，故后人叫他们所记的也做“史”。这就是“史”名的来源了。“史”是一种记事文，相传人类知道“记事”，远始于结绳的时代，所以“结绳”是中国最古的“史”。这是中国有史的起源了。但结绳的制度已不传，故结的方法如何，所记又是何事，年代悠久，已无从研考。而且我们也仅能当它做传说观，不能径认为信史。所以中国真正有史的年代，似乎还当移后。

“史”既为史官所作，那么“史”的起源，自当在有史官以后。考中国的有史官，远在黄帝时代。所以中国有史，至早可以说始于黄帝。黄帝命仓颉为左史，沮诵为右史，左史记言，右史记事，为记载史的开始。到了周代，史职已有分科，考之《尚书》《国语》《左传》诸书所载，有太史、小史、内史、外史、左史、右史等名目。他们的职务为：“太史掌国之六典，小史掌邦国之志，内史掌书王命，外史掌书使乎四方，左史记言，右史记事。”到春秋时，诸侯也各设史官：鲁有太史，齐有南史，楚有左史，晋有太史及左史，卫有太史，虽职名不同，而所掌的职务却都是史事。今人卢绍稷曾说：“古代史官，实为一社会之最高学府，其职不仅在作史而已，乃兼为王侯公卿之高等顾问。每遇疑难，谘以问焉。”其言甚确。然史官在那时既这样的被尊重而又众多，那么“史”书之作，当然不在少数了。

但今人所见春秋时代作的史书，却并不很多。孔子尝取三代史官所记，删为《尚书》，又依鲁国史记作《春秋》；一属记言，一属记事，为中国古代史学两大巨著，且由此可以窥见古代左右史所记“史”书的体裁。同时又有左丘作的《国语》，体裁略似后起的《战国策》，但所记不以一国为中心，而又涉及整个社会方面。又有《世本》一书，为司马迁《史记》的蓝本，不知作者。所记除《帝系》《世家》《传》外，尚有所谓《谱》《氏姓篇》《居篇》《作篇》等类，与后来的《通志》相似，近于近代所谓文化史的性质。这四部史书，是现在所见的最古的史书，虽然十分简陋，但已全具后起各种史书的雏形。我们如要知道最古的史书情形，舍此四书，也无他书可以替代了。

史籍的来源虽然很古，但在晋以前，“史学”还没有被视为独立的学科。刘歆《七略》及《汉书·艺文志》把《世本》《战国策》《史记》一类的书，附入《六艺略》“春秋”的后面，把它们当做经书看待。晋荀勖作《中经簿》，分古今书籍为甲乙丙丁四部，列史为丙部，史学始见独立。李充则以《史记》一类为乙部，遂沿用至今。《隋书·经籍志》分为经史子集，以后各史志都沿用它，经史遂永永分道了。

三、体裁

中国史籍体裁的分类，最早见于梁阮孝绪的《七录》。他的《纪传录》把史分为十二体，为：国史、注历、旧事、职官、仪典、法制、伪史、杂传、鬼神、土地、谱状及簿录。他这种分法虽不很完密，然后来的分法名称容有不同，而内容总不能超越它的范围，所以它的开山之功是不容埋没的。

自《隋书·经籍志》分史为十三门，始成为史目权威。十三门为：正史（《史记》《汉书》等）、古史（《竹书纪年》等）、杂史（《战国策》等）、霸史（《华阳国志》等）、起居注（《穆天子传》等）、旧事（《汉武故事》《西京杂记》等）、职官（《汉官解诂》等）、仪注（《旧汉仪》等）、刑法（《律本》等）、杂传（《三辅决录》等）、地理记（《山海经》《水经》等）、谱系（《世本》等）、簿录（《别录》《七略》等）。两《唐书志》与之相同，仅改古史为编年，霸史为伪史，旧事为故事，谱系为谱牒，簿录为目录，而内容尽同。《宋志》亦分十三类，但名目已微有增损，并起居注入编年，改杂传为传记，伪史仍称霸史，除去杂史，而另增别史与史钞。《明志》则并合节省为十类，以编年并入正史，而无霸史与目录二门。清修《四库全书》，其史部分为十五部，为：正史、编年、纪事本末、别史、杂史、诏令奏议、传记、史钞、载记、时令、地理、职官、政书、目录、史评。自此以后，目录学家或间有分合，但大都不能超出这许多名目的范围了。

近人梁启超著《中国历史研究法》，论过去的中国史学界，以为能独立成体的，只有纪传、编年、纪事本末、政书四类。其他各体，可并为二大类：一为供后人著史的原料，一为制成局部的史籍。这种分法，最为合理。本书所述，即以纪传、编年、纪事本末、政书为主，其他概从省略。现在先将这四种体裁的不同所在，加以简单的说明如下：

（一）纪传，亦称正史，以人物为主，如《史记》《汉书》等，等于现在的所谓传记。

（二）编年，亦称古史，以年代为主，如《汉纪》《资治通鉴》等，等于现在的大事年表。

（三）纪事本末，以事迹为主，如《通鉴纪事本末》《宋史纪事本末》等，同于现代普通应用的史体。

（四）政书，以制度为主，如《通典》《通志·二十略》《西汉会要》等，等于现代的所谓文明史。

中国史又因政治上的关系，可分为通史与断代史二体：通史一贯而下，不分朝代；断代史单记一代或一朝，自为起讫。前述四种史体，都有通史和断代史两种。如所举的《史记》《资治通鉴》《通鉴纪事本末》《通典》等，为通史体裁；《汉书》《汉纪》《宋史纪事本末》《西汉会要》等，为断代史体裁。即其他杂体，亦都可归纳入这二大体裁之内。

四、学派

中国的有史籍，如前所述，来源很古。但中国的有“史学”，却始于唐人刘知几，至宋而有郑樵，至清而有章学诚，此三家赫然鼎立，始各有特别的建树。此外则几无所闻。现在将这三派学说大旨，综述如下：

刘知几的史学，完全见于他所著《史通》一书。知几本名子元，官秘书监时，因与萧至忠等争论史事不合，故发愤而著《史通》。《史通》凡分内外二篇：内篇三十九篇，皆论史家体例，辨别是非；外篇十三篇，述史籍源流，及杂评古人得失。他对于作史的主张，有与众人不同者六点：（一）史贵直书；（二）应用当代方言；（三）叙事尚简；（四）可以无表；（五）天文、艺文可以不志；（六）篇幅不必命题；（七）文人不宜作史；（八）烦省不必拘泥。《史通》在唐时已佚去三篇，今存四十九篇。清浦起龙为作《通释》，颇多臆改；纪昀复删去繁复，存削繁四卷。

郑樵的学说，见于他所著《通志·总序》及《艺文略》《校雠略》《图谱略》。《通志》凡二百卷，本为通史体裁，有纪传、年谱与略。后人独取其二十略，列为政书之一。他的自述道："凡著书者虽采前人之书，必自成一家之言。……臣今总天下之大学术而条其纲目，名之曰略，凡二十略。百代之宪章，学者之能事，尽于此矣。其五略（礼、职官、选举、刑法、食货），汉唐诸儒所得而闻；其十五略，汉唐诸儒所不得而闻也。"他的自负真不浅。他对于作史的特见有四：（一）诋断代史而美通史；（二）作史须成一家言；（三）史可以有表有书；（四）史可以有图谱。他的《通志》的编法，完全依据他这四项见解。

章学诚的学说，完全发表在他所著的《文史通义》里。学诚以为"六经皆史"，史外无文，故名所著为《文史通义》。其书凡分内外篇六十一篇。他在书中自述他作书的旨趣说："郑樵有史识而未有史学，曾巩具史学而不具史法，刘知几得史法而不得史意，此予《文史通义》所为作也。"他以为史应分为记注与撰述二类：记注就是现在所谓史料，故须"赅备无遗"；撰述是正式的著作，故须"决择去取"。他对于旧体诸史，颇赞成纪事本末，誉之为"真《尚书》之遗"，所以他的理想的史，以为须"师《尚书》之意，而以迁史义例，通左氏之裁制"。它的编法应是："以《尚书》之义为迁史之传，则八书、三十世家不必分类……统名之曰传。或考典章制作，或叙事终始，或究一人之行，或合同类之事，或录一时之言，或著一代之文，因事命篇，以纬本纪。则较之左氏翼经，可无局于年月后先之累；较之迁史之分列，可无歧出互见之烦。……至于人名事类合于本末之中，难以稽检，则别编为表以经纬之；天象地形，舆服仪器，非可本末该之，且亦难以文字著者，别为绘图以表明之。……"他又说："至于创立新裁，疏别条目，较古今之述作，定一书之规模，别具《圆通》之篇，此不具言。"可惜《圆通》篇始终未成，所以他的最完密的作史方法，吾人竟无从窥见了。

三家之外，尚有清人崔述，其所著《考信录》一书，专重于辨别古代史事的真伪，亦卓然别成为一派。但他别于"史学""史识""史法""史意"之外，专力在"史料"方面，与上述三家绝然异趣，所以不在本节里详叙了。

第二节　正史

一、总论

“正史”在现在已公认为二十四部“纪传”体史的总名，所以一提起“正史”，便会令人想起《史记》《汉书》《后汉书》……那些书。可是在古代，“正史”这个名称并不专属于“纪传”体的史，故唐人刘知几尚并称“纪传”“编年”为“正史”。单称“纪传”体史为“正史”，始于《隋书·经籍志》，而别称“编年”史为“古史”。宋晁公武以为“纪传”“编年”二体各有所长，未易论优劣，故不当独称“纪传”体为正史。清章学诚则以为“编年”体出于《春秋》，本是正史，后世不以“编年”为正史，殊属不妥。这种见解是对的。但称“纪传”体的二十四史为“正史”，在现代已为学者所公认，本节所述，即以二十四史为主，所以就沿用这个名字。

“纪传”体的史，创始于《世本》和《史记》。后来各史的体裁，虽例目有异，然总不能超越它们的范围。如《史记》用本纪以序帝王，用世家以记侯国，用表以系时事，用书以详制度，用列传以志人物。其他诸史，帝王称纪，人物称传，可说都是一样。惟《晋书》改称世家为载记，《辽史》则称外纪；表则《五代史记》易称为年谱；书则《五代史记》易称为考，其余诸史称志。纪传各史都有；世家、表、书则或有或不有。然《史记》有一与其余二十三史截不相同之点，就是《史记》为“通史”体裁，而《汉书》等二十三史都是“断代史”体裁。故以“纪传”体而论，史记自是创始者；如以“断代史”言，那么创始者就当属之《汉书》了。

唐代以前，最通行的正史，仅为《史记》《汉书》《后汉书》三史，其次为《三国志》，就是所谓“四史”，也称“汉代四史”。唐代初年，以《三国志》《晋书》《宋书》《南齐书》《梁书》《陈书》《魏书》《北齐书》《周书》《隋书》为“十史”。唐代中叶，复加《史记》《汉书》《后汉书》三史，称为“十三史”。宋时，补入《南史》与《北史》，又改刘昫的《唐书》为《新唐书》，改薛居正的《五代史》为《五代史记》，并称为“十七史”。元代则加《宋史》，成“十八史”。明人又加入新编的《辽史》《金史》《元史》，称“二十一史”。清初复加入《明史》，成为“二十二史”。乾隆时，增刘昫的《唐书》为“二十三史”。其后又从《永乐大典》中辑出薛居正的《五代史》，成为“二十四史”。从这时起，正史之名，遂为这二十四部“纪传”体史所专有了。最近，上海书商翻印“二十四史”，或加柯劭忞的《新元史》，称“二十五史”，或加《宋史新编》与《元史新编》，称“二十六史”。但民国成立已二十余年，《清史》却至今未就，《清史稿》虽已告成，尚未正式发表。否则正史之中，至少必须加入《清史》一种了。

二、《史记》

《史记》一书，《汉书·艺文志》称为《太史公》，列入《六艺略》春秋类。至《隋书·经籍志》始列入“正史”，改称《史记》。在隋以前，“史记”二字，本为一切史籍的泛称，犹之现在常用的“历史”二字，并不是书名。自隋以后，因称《太史公》书为《史记》，遂用作书的专名了。

《汉志》著录《太史公》百三十篇，下注“十篇有录无书”。张晏以所亡十篇为：《景帝本纪》《武帝本纪》《礼书》《乐书》《律书》《汉兴以来将相年表》《日者列传》《三王世家》《龟策列传》《傅靳列传》。今本十篇皆在，相传为褚少孙所补。但宋人王应麟《汉志考证》载吕祖谦曾以张晏所列亡篇之目校之，那么：（一）《景纪》篇，在。（二）《武纪》，亡。（三）《汉兴以来将相年表》，书在，阙《叙》。（四）《礼书》，自“礼由人起”以下，草具未成。（五）《乐书》，自“凡音之成”而下，草具未成。（六）《律书》，自“《书》曰七正二十八舍”以下，草具未成。（七）《三王世家》所载，惟奏请及策书，或如《五宗世家》略叙所出，亦未可知。（八）《傅靳蒯成传》篇，在，非褚先生补。（九）《日者传》自“余志而著之”以上，皆史公本书。（十）《龟策传》，自“褚先生曰”以下，乃所补也。可见缺篇皆为褚少孙所补之说不甚确。《汉志》又录冯商所续《太史公》七篇。《史通》亦云“刘向、向子歆及诸好事者——若冯商、卫衡等——相次撰续”，可见当时续作《史记》的人很多。但这些续作都已失传了。今本后附《三皇本纪》，则为唐司马贞所补。

《史记》的内容，可在作者《自序》里窥见一斑。《自序》说：“略推三代，录秦汉，上记轩辕，下至于兹，著十二本纪。既科条之矣，并时异世，年差不明，作十表。礼乐损益，律数改易，兵权、山川、鬼神、天人之际，承敝变通，作八书。二十八宿环北辰，三十辐共一毂，运行无穷，辅弼股肱之臣配焉，忠信行道，以奉主上，作三十世家。扶义俶傥，不令己失时，立功名于天下，作七十列传。凡百三十篇，五十二万六千五百字。”至于它的体裁，系蓝本于《世本》，不过易帝系为本纪，易谱为年表，易篇为书罢了。

《史记》的注本很多，以宋裴骃的《集解》，唐司马贞的《索隐》，张守节的《正义》为最著。宋刻并三家为一本，清武英殿“二十四史”本仍之，故至今都通行不废。

作者司马迁，字子长，汉龙门人，太史公司马谈之子。为人慷慨有气节。尝遍游名山大川。仕为郎中，继父为太史公。因白李陵之冤而遭腐刑，下蚕室，遂于狱中作《史记》，以继父志。后复为中书令。死后，他的著作才传布于世。作者的性格和身世如此，故文章疏宕有奇气，多慨愤意气之语。

三、《汉书》

《汉书》为《史记》后第一部“纪传”体史，作者为东汉时元武司马班固和他的妹妹班昭。后人因欲别于范晔等所作的《后汉书》，加一“前”字，称为《前汉书》，实是“画蛇添足”。班固作此书，原为继承父彪的遗志，故在家编辑。当时有人告发他私造国史,遂被系下狱。他的兄弟上疏替他辩明，朝廷不但不加罪，反叫他在东观正式编纂。后来他因事瘐死狱中，而全书尚未完稿。章帝时，始下诏令其妹昭续成。

《汉书》全书原作一百卷，《隋志》著录的为一百十五卷，今通行本作一百二十卷。卷数的所以不同，大约由于后人因原书卷帙太重，故把它析为子卷，而析法各各不同所致，当无别故。其中八表及天文志，即为班昭所续，《王莽传》亦有人以为是她所作。全书凡含十二纪、八表、十志、七十列传，起于高祖之世，终于王莽之诛，以二百三十九年的事，纳于八十余万字中。它的体例，较之《史记》，仅改本纪为纪，无世家，改年表为表，改书为志，别无特创所在。

《汉书》是断代史的第一部，为功为罪，后人的批评各各不同，殊难断定。即以内容言，宋郑樵斥为浮华剽窃，而刘知几又誉为精练该密，价值高下，亦难下断。但清人徐乾学则云："迁采诸书，而自成迁之史；固袭龙门，而自成固之书。"可见《汉书》确能成为一家之书。且历来"史汉"并称，由此亦可见其非出于无故。

《汉书》注本，以唐颜师古所注本最通行。但在唐以前，注家已很多，《隋志》所载，有应劭的《集解音义》，服虔的《音训》，晋灼的《集注》，韦稜的《续训》，姚察的《训纂》与《集解》，韦昭、萧该的《音义》，孟康、刘显、夏侯咏、包恺等的《音》，陆澄、刘孝标、梁元帝等的《注》，至颜氏乃集大成。我们由注家之多，可以想见《汉书》的难读。清王先谦作《补注》，对颜注多所正补，其书尤为今人所推重。

作者班固，字孟坚，东汉扶风人。明帝时为郎，典校秘书。窦固征匈奴兵败，固为中护军，被累入狱，瘐死。他的妹妹昭，字惠姬，嫁曹世叔。世叔早卒，和帝召入宫，命皇后贵人以师礼相待，号曹大家。续补《汉书》成，当时未有能通者，大儒马融亦伏于阙下，从她受读。生平著作丰富，有《女诫》及《大家集》等。

四、《后汉书》

正史中的《后汉书》，为南朝宋宣城太守范晔所作。在范作以前，据《隋志》所载，有同书名的五种：一种为吴武陵太守谢承所撰，凡一百三十卷；一种为晋散骑常侍薛莹所撰，凡一百卷；一种为晋少府卿华峤所撰，凡九十七卷；一种为晋祠部郎谢沈所撰，凡一百二十二卷；一种为晋秘书监袁崧所撰，凡一百卷。又有异名而同实的二种：一为长水校尉刘珍等所撰《东观汉记》一百四十三卷，一为晋秘书监司马彪所撰《续汉书》八十三卷。范著最后出，乃删取诸家之书而成，故《唐书·艺文志》说："为《后汉书》者，有谢承、薛莹、司马彪、刘义、华峤、谢沈、袁崧七家；其前，又有刘珍等《东观记》；蔚宗盖删取众书，为一家也。"今本《后汉书》，纪传为范氏原作，志则本为司马彪《续汉书》所有，是梁人刘昭取来补入范书的。

范氏《后汉书》，《隋志》著录的有二种，一为原本，凡九十七卷，一为梁剡令刘昭注本，凡一百二十五卷。两《唐书志》皆作九十二卷，《旧唐志》又裁章怀太子注本一百卷。今本作一百二十卷，计帝纪十卷，每卷分上下；志八种，凡三十卷；列传八十卷。帝纪与列传，都题范晔撰，章怀太子贤注；志则题刘昭补并注，可见今本系并合《隋志》所载一百二十五卷本，与《旧唐志》所载一百卷本而成。相传范晔撰书时，本拟作十志，且以此事托谢瞻。后来晔以谋反失败被诛，瞻悉蜡以覆车，故世无传本。至今本的志三十卷，虽题为刘昭补并注，实则原文为司马彪《续汉书》所有，昭仅为之作注。昭《自序》亦言“乃借旧志，注以补之……分为三十卷，以合范史”，可见昭本不以为已作，惟未曾言明借自何书罢了。昭亦为范书作注，自章怀太子注本行，昭注本遂废，但其中志三十卷，章怀太子以非范作未注，故昭注本仍单行。至宋人孙奭又取来并合为一，即成今本的式样。

《后汉书》的体例，较之《史记》，缺世家、年表、书三种；较之《汉书》，缺表、志二种。志已由刘昭、孙奭借《续汉书志》补入，与原书并行；表则有宋人熊方《补后汉书年表》十卷，清人诸以敦为作《校补》，又作《补遗》一卷，又有清人钱大昭《后汉书补表》八卷，此外如万斯同、黄大华等皆有补作。唐以前，为《后汉书》作注的也已很多。唐高宗令章怀太子贤与刘讷言、格希元作注，各家注本遂废。今“正史”本即孙奭本，最通行。清王先谦为作《集解》，颇便学者研读。

作者范晔，字蔚宗，南朝宋顺阳人。初为秘书丞。后左迁宣城太守，不得志，乃作《后汉书》。累迁太子左卫将军，益不满，卒与孔熙先等谋反，兵败被诛。

五、《三国志》

《三国志》为《魏志》《蜀志》《吴志》的总名，晋太子中庶子陈寿所作。同时或前此同样的著作，尚有王沈《魏书》四十八卷，韦昭《吴书》五十五卷，环济《吴纪》九卷，张勃《吴录》三十卷，皆不传。《三国志》原文很简略，不甚可取，后世所以重视其书，实在是重视裴松之的注，因为废了原文则注无可附，所以不能不“爱屋及乌”了。

《三国志》凡六十五卷：《魏志》三十卷，计帝纪四卷，列传二十六卷；《蜀志》为列传十五卷；《吴志》为列传二十卷。较之《史记》，缺世家、年表与书，较之《汉书》，缺表与志。清人替它补作表或志的很多，但无专书，且也不很完备，故不录。东晋时，习凿齿因它尊魏黜蜀，遂别作《汉晋春秋》，尊蜀汉为正统，但其书反不见传。

南北朝时，宋文帝嫌《三国志》为文太略，便命国子博士裴松之为作补注。松之乃博采众说，分入各传中，所引的书，多至五十余种。有讹谬乖违的地方，就出己意辨正它。材料的丰富，竟超过原书几倍之多。后人曾总括他补注的例，有如下六条：一、引诸家之论，以辨是非。二、参诸书之说，以核讹异。三、传所有之事，详其委曲。四、传所无之事，补其缺佚。五、传所有之人，详其生平。六、传所无之人，附以同类。它的为例既这样完密，所以书成时竟青胜于蓝。 古代著作以“注”出名的，除此书与刘孝标注《世说新语》外，几无所闻。可见其书确有人所不及的地方了。

陈寿，字承祚，晋巴西安汉人。师事谯周。仕蜀为观阁令史。入晋，张华荐为著作郎，终于御史治书。裴松之，字世期，宋河东闻喜人。仕晋为殿中将军。入宋，累转中书侍郎。奉命注《三国志》成，文帝赞道：“裴世期为不朽矣！”累进太中大夫,诏命续何承天国史，未及动笔而卒。

六、《晋书》及其他

《晋书》的作者很多，在唐以前，有何法盛、谢灵运等十八家。唐太宗以为未能尽善，诏命房乔等重加撰次，诸人乃据臧荣绪的旧书，加以增损，成书一百三十卷。全书有帝纪十，志二十，列传七十，载记三十。他的体制，较前史少年表而多载记一门。注家有何超《音义》三卷，今附于原书之后。

《宋书》系沈约奉南齐武帝诏所修撰，取材于徐爰旧作。徐作讫于武帝大明末，约更补以永光以后至亡国时十余年中的事。全书有本纪十，志三十，列传六十，凡一百卷；无年表。

《南齐书》为梁人萧子显所作，原有六十卷。今本仅五十九卷，为纪八，志十一，列传四十，无表。书中亦间有缺文。

《梁书》为唐姚思廉奉太宗诏与魏徵同撰，凡五十六卷，为本纪六，列传五十，无志、表。原稿出于思廉父姚察之手，故今本二十六卷之后，尚题有“陈吏部尚书姚察”字样。

《陈书》亦起稿于姚察。唐贞观中，思廉奉诏撰《陈书》，乃依据父作，复加入新材料，成书三十六卷。全书凡本纪六，列传三十，亦无志、表；其二三两卷后，亦题有“陈吏部尚书姚察”字样。

《魏书》系北齐魏收奉诏所撰。原书凡一百十四卷，有本纪十二，志十，列传九十二，无表。至宋时，其中二十九篇，亡佚不全。今本分为一百三十卷，系宋人刘恕、范祖禹等所校定。

《北齐书》起稿于李德林，唐贞观中下诏修诸史，德林子百药乃续父志完成其书。全书凡五十卷，为本纪八，列传四十二，无志、表。北宋以后，其书日见散佚，今本已经后人取《北史》补足，非全李作之旧了。

《周书》亦为唐贞观中敕撰，执笔者为令狐德棻、岑文本等，由德棻总其成。全书共五十卷，为本纪八，列传四十二，无志、表。今本亦多残阙，亦已经后人取《北史》补缀。

《隋书》为唐魏徵奉诏所撰，执笔者有长孙有忌、颜师古等十余人。全书凡八十五卷，为本纪五，列传五十，志三十，无表。其中《经籍》一志，为《汉志》以后目录家一大权威。

《南史》与《北史》都是唐李延寿所撰。《南史》先成，凡八十卷，分本纪十，列传七十，无表、志，当经令狐德棻的改定。《北史》似作者较致心力，故较《南史》为详密，全书凡一百卷，分本纪十二，列传八十八，亦无表、志。

《唐书》为五代晋刘昫等奉诏所撰，蓝本于吴兢、韦述的《唐史》，于休烈等的《唐书》。全书凡二百卷，分帝纪二十，志三十，列传一百五十，无表。

《新唐书》为北宋时欧阳修等奉诏所作，书中列传题宋祁名，本纪、表皆题修名。全书凡二百二十五卷，分本纪十，志五十，表十五，列传一百五十，为《史》《汉》以后第一部体制完备之作。

《五代史》为北宋时薛居正奉诏所撰，执笔者有卢多逊、李昉等。全书凡一百五十卷，分本纪六十一，志十二，列传七十七，无表。原书已佚失，今本系清乾隆时就《永乐大典》中辑出，仅得十之七八。近涵芬楼影印《百衲本二十四史》，以重金访购原书，至今犹未得。

《新五代史》的本名为《五代史记》，为北宋欧阳修所私撰。全书凡七十四卷，分本纪十二，传四十五，考三，世家十，年谱一，录三，体制与他史微有不同。今本有注，为徐无党所作。

《宋》《辽》《金》三史，皆为元丞相脱脱所监修。《宋史》凡四百九十六卷，为本纪四十七，志一百六十二，表三十二，列传二百五十五。执笔者为欧阳圭齐、虞集、揭奚斯等。《辽史》凡一百十五卷，为本纪三十，志三十一，表八，列传四十六；末附《国语解》一卷，今本所附《国语解》系清乾隆时重译。《金史》凡一百三十五卷，为本纪十九，志三十九，表四，列传七十三；今本附《金国语解》一卷，乃清乾隆时所补。

《元史》为明宋濂等奉诏所撰，以《元十三朝实录》为蓝本；顺帝一朝，系欧阳佑等往北平采访所得。全书凡二百十卷，为本纪四十七，志五十三，表六，列传九十七。

《明史》在诸史中以“完善”见称，系清张玉书、张廷玉等奉诏所撰。初由张玉书任撰志、表，陈廷敬任撰本纪，王鸿绪任撰列传；及列传成而他稿均未成，于是复由鸿绪加以纂辑，始得脱稿，故全书不啻出于鸿绪一人之手。书凡三百三十二卷，为本纪二十四，志七十五，表十三，列传二百二十；又附目录四卷，共为三百三十六卷。

第三节　编年

一、总论

“编年”体在记事的史中最为先起，所以《隋志》称之为“古史”。唐人刘知几亦以与“纪传”体并称为“正史”。至后来所以单称“纪传”体而不称“编年”体为“正史”的缘故，《四库全书总目》以为，“以班马旧裁，历朝继作，编年一体，则或有或无，不能使时代相续，故姑置焉，无他义也。”但现在习惯已成，如称“编年”为正史，反会引起浅学者的误会，所以这里便径称为“编年”了。

“编年”与“纪传”的分别：一在以事系年，详一国的治体；一在以人系事，详一人的事迹。古代史官所记，都是编年体。以体裁言，史官记载当时史实，自以编年为便利；而纪传体只能用于事后的记述，便决非史官力量所可及了。既是这样，那末“编年”似较“纪传”更应称为“正史”；而材料也较“纪传”为直接，其可信的程度自也较高了。

现存最古的“编年”体史，为孔子的《春秋》，和左丘明的《左传》。《春秋》的文字极简短，尤着重在所谓“褒贬”，所以它仅是儒家的“经”书，而非纯粹的史书。但它的体裁究竟是史，而材料也是史。而且我们要一见古代史书的面目，也舍此莫属。至于《左传》，相传为《左氏春秋》的改作，所以它的原来的组织是否如今传之本，已成为学术上一个重要问题。较后于此二书，则有《竹书纪年》，系晋时汲县人发魏安釐王冢所得。但其书已亡失，今传本乃伪书，我们也不能看到它全书的真面目了。

编年史和纪传体史一样，也有“通史”和“断代史”的分别。通史记历代史实，一贯而下，始于《竹书纪年》，至《资治通鉴》而大著；断代史记一代史实，始于建国而迄于灭亡，滥觞于《春秋》，至《汉纪》而体始纯正。

我们看了过去的史举成绩，便觉得通史的体裁，宜于为编年史，但不便于个人的著述，所以编年史大都出于官修，断代史适用于纪传体，且便于个人述作，所以古代纪传体史都是出一人之手。因为编年史一贯而下，须混然一气，非集众人之力不为功；纪传体史每篇独立，似集腋成裘，可由一人陆续写作。但官修者虽多避讳而能扼要，私人著作可以自由抒写，然过琐碎；二者各有所长短，我们可以不必去强分什么优劣。

二、《竹书纪年》

《竹书纪年》一书，书名已亡，以其书写于竹简，而体裁为纪年，故名《竹书纪年》，也有单称为《纪年》的。其书原有十三篇。晋太康二年，汲县人不准盗发魏安釐王冢，得书数十车，皆竹简素丝纶，简长二尺四寸，用墨写，一简四十字。武帝以其书付秘书校缀次第，写以今文，得十五种七十五篇。《纪年》即为其中之一。

《竹书纪年》亦为文句极短的编年体，已经学者考定为战国时魏史官所记。《隋志》著录的尚有十二卷，今仅存二卷。《四库全书总目提要》考之杜预、郭璞、郦道元、刘知几、李善、司马贞、杨士勋、王存、罗泌、鲍彪等所引，与今本皆不合，因决定今本为伪书。原书所记，如夏启杀伯益，太甲杀伊尹，文丁杀季历等，又言夏的年祚，较殷为长，皆为今本所无。大概因为这种种，都与儒家旧说不相容，故原书历经删削，到宋代仅存残余了。

今本《纪年》乃宋以后人将残余本窜补而成，故不全；有沈约注，虽与《隋志》合，但已非原注，亦出伪托。清人朱右曾别辑《汲冢纪年存真》二卷，王国维因之，更成《古本竹书纪年辑校》一卷，稍复本来面目。然所辑仅四百二十八条，较之原书，所缺尚多。

三、《汉纪》

《汉纪》为断代编年史的第一部。汉献帝以班固《汉书》“文繁难省”，乃令荀悦仿《左传》体，为《汉纪》三十篇。悦自述云：“列其年月，比其时事，撮要举凡，存其大体，以副本书。”又称：“省约易习，无妨本书。”故近人梁启超以为“语其著作动机，不过节钞旧书耳，然结构既新，遂成创作。”其书出世后，颇为史学家所推重。唐人刘知几《史通·六家》篇以此书为《左传》家之首；《二体》篇又称，“历代宝之，有逾本传”，“班荀二体，角力争先”。唐代考试，也以此书与《史》《汉》为一科，在司马光《资治通鉴》未出世以前，它亦“固一时之雄也”。

《汉纪》原为三十篇，今本作三十卷，当无阙佚。其书虽为依班固《汉书》而作，然多补正《汉书》之缺误。自《资治通鉴》告成行世，《汉纪》逐渐废置，故至今无人为之作注，即善本也不能得了。

荀悦，字仲豫，东汉颍阴人。博闻强记，尤好著述。献帝时，侍讲禁中，累迁秘书监、侍中。所作除《汉纪》外，犹有《申鉴》五篇。

《汉纪》出世后，仿作的很多，著名有张璠及袁宏的《后汉纪》、孙盛的《魏氏春秋》、习凿齿的《汉晋春秋》、干宝及徐广的《晋纪》、裴子野的《宋略》、吴均的《齐春秋》、何之元的《梁典》等，然除袁宏《后汉纪》外，皆不传于世。

《后汉纪》亦三十卷，今本亦不缺。袁宏因同时诸家所作《后汉书》颇烦秽杂乱，遂另作此书，参考书多至数百卷。张璠亦有《后汉纪》，作于此书之前，然文义均不及此书为详。其体例虽仿《汉纪》，但《汉纪》系因班固《汉书》旧文剪裁联络而成，此书则抉择去取，自出鉴裁，故较《汉纪》为难。《史通·正史》篇称：“世言汉中兴作史者，惟袁范二家。”袁书为编年，范书为纪传，二书固一时“瑜亮”，宜其并驾一时了。

袁宏，字彦伯，晋阳夏人。美文章，为谢安参军，又为桓温记室。累至吏部郎。太元初，官至东阳太守。所著《咏史诗》《东征赋》，世称其美。

现在通行的断代编年史，尚有清人陈鹤的《明纪》六十卷，近人吴曾祺的《清史纲要》十四卷。《明纪》颇称详赡，现附正续《资治通鉴》以行，故很通行；《清史纲要》微嫌简略，且多失漏，但在清史未告成以前，它已是一部难得的清代全史了。

四、《资治通鉴》

《资治通鉴》是现存编年通史中篇幅最多的一部书。前此有梁武帝时敕编的《通史》六百二十卷，亦为通史巨著，但经侯景之乱后，王僧辩以之与文德殿书七万卷都西移至江陵，江陵陷，遂被焚毁，故不传。宋英宗命司马光论次历代君臣事迹，为编年史，光于治平四年奉诏作书，于神宗元丰七年奏上，凡历十九年而书成。神宗以“鉴于往事，有资治道”，故赐名《资治通鉴》。此书出世，前此所有一切编年史遂都可废了。

《资治通鉴》为“通史”体裁，与通史同。其书上续《左传》，起于战国，下终五代，凡十六代，千三百六十二年间大事，按年纪载，一气衔接，共二百九十六卷。其所采用的书，正史之外，杂史多至三百二十一种，其残稿在洛阳的，尚盈两屋，故非掇拾残剩的书可比。参修的人也都是通儒硕学，如汉以前及汉属刘攽，三国至南北朝属刘恕，唐及五代属范祖禹，故其书网罗宏富，体大思精，为历古所未有。

《资治通鉴》既成书，司马光又为作《目鉴》三十卷，《释例》一卷，《考异》三十卷，与原书相辅而行。晚年，又患原书浩大难读，著《通鉴举要历》八十卷，《通鉴节文》六十卷，现皆不传。光又作《稽古录》二十卷，上起伏羲，下至英宗治平之末，较《通鉴》为完备；体裁如现在的“大事年表”，颇便于学者查考之用。

替《通鉴》作注释的也很多。光门人刘安世尝撰《音义》十卷，今已佚。南宋时注者纷纷，颇多乖谬。至元人胡三省乃汇合众注，订讹补漏，历三十年，稿经三失，始告成功，即今行本是。他又将“考异”三十卷，散入各本文之下。又著《释文辩误》十二卷，以正史炤、司马康《通鉴释文》之误，附刊于全书之后。

与司马光同时，有刘恕作《通鉴外纪》十卷、《目录》五卷，与《资治通鉴》相接，光为作序。金履祥又病《外纪》失之好奇，乃作《通鉴前编》十八卷，《举要》三卷。以上二书，皆为补光书所未及。续光书的更多，宋有李焘《续资治通鉴长编》五百二十卷，叙北宋一祖八宗事；刘时举更续焘书作《续宋编年资治通鉴》十五卷，迄于宁宗嘉定十七年。明有薛应旂《宋元资治通鉴》一百五十七卷，清有徐乾学《资治通鉴后编》一百八十四卷，毕沅《续资治通鉴》三百二十卷，皆直接续光书，记述宋元两朝事迹。但沅书最为完备，所以最见通行，而其他诸书皆废。此外，有明人陈桱补《前编》之遗，兼续光书叙辽宋史事，作《通鉴续编》二十四卷。至清高宗，又敕撰《通鉴辑览》一百十六卷，起自黄帝，迄于明末，为编年史中首尾最全备的一部。

第四节　纪事本末

一、总论

“纪事本末”在四种重要史体中最为后起。它和“纪传”“编年”的不同，在于纪传以“人”为主，编年以“时”为主，而“纪事本末”以“事”为主。宋人袁枢以《通鉴》旧文每事为篇，各排比其次第，而详叙其始终，命曰《纪事本末》，遂创此体。近人梁启超云：“善钞书者可以成创作，荀悦《汉纪》而后，又见之于宋袁枢之《通鉴纪事本末》。……枢钞《通鉴》，以事为起讫……其始亦不过感翻检之苦痛，为自己研究此书谋一方便耳。及其既成，则于斯界别辟一蹊径焉。”可见此体之创，实出于偶然。

凡一种新事业的创立，必起于旧事业的有弊，一切学术也都是如此。所以纪事本末的起来，必也由于旧史体的有弊。旧史体中如编年体，以年为经，以事为纬，使读者能够了然于史实的时间的顺次，这是它的长处。但史实有连续性，一事或亘数年，或亘百数十年。编年体无论若何巧妙，它的本质总不能离账簿式。读本年所记的事，其原因在若干年以前的，或已忘记它的来历；其结果在若干年以后的，又苦于不能得它的究竟。不但翻检为劳，而且也索然寡味。纪事本末体就为弥此缺陷而生。清人章学诚云：“本末之为体，因事命篇，不为常格；非深知古今大体、天下经纶，不能网罗隐括、无遗无滥。文省于纪传，事豁于编年；决断去取，体圆用神。……”由此可见纪事本末的体裁虽胜于纪传、编年，而较纪传、编年为难作。

纪事本末亦可分为通史与断代二体，前者如《通鉴纪事本末》《绎史》等，后者如《宋史纪事本末》《元史纪事本末》等。又有不能归入上述两体的，如《春秋左传事类始末》《三藩纪事本末》之类。

现在最通行的纪事本末体史，为九种纪事本末。其书系集纪事本末九种而成，故名。九种为：《左传纪事本末》《通鉴纪事本末》《宋史纪事本末》《西夏纪事本末》《辽史纪事本末》《金史纪事本末》《元史纪事本末》《明史纪事本末》《三藩纪事本末》。又有人除去其中重复，存《左传》《通鉴》《宋史》《元史》《明史》五种，称《五种纪事本末》，而劝无暇读“二十四史”的人加以研读。

二、《左传纪事本末》

当袁枢作《通鉴纪事本末》的时候，有叶梦得的女婿章冲，亦作《春秋左氏传事类始末》五卷。成书之期，仅迟于《通鉴纪事本末》九年，故不知他们动笔的孰先孰后。《四库全书总目提要》以为“殆踵枢之义例而作”，乃“想当然”之辞，不足为定论。其书系取诸国事迹，排比年月，各以类从，使节目相承，首尾完具。《春秋左氏传》重在发挥经义，此则专重史实，于笔削之文，渺不相涉，故遂化经而成为史。

章冲，字茂深，宋苏州人，章惇之孙。淳熙中，尝知台州。他的妇翁深于《春秋》，所以他亦颇用心于《左传》，而有《春秋左氏传事类始末》之作。

清人高士奇，复将《春秋左氏传事类始末》加以推广，作《左传纪事本末》五十四卷，而章书遂废。章书以十二公为记，高书则以国为记：分为周四卷，鲁十一卷，齐十卷，晋十一卷，宋三卷，卫四卷，郑四卷，楚四卷，吴三卷，秦二卷，列国一卷，分目各如其卷数。取材除《左传》外，杂采诸子史传，以备参证纠误。体例严正，较之章书，可谓后来居上，宜其取而代之了。

高士奇，字澹人，号江村，清钱塘人。以国学生就试京闱不利，卖文为活。圣祖偶见其所作春帖子，旬日中三试皆第一，命供奉内廷。官至礼部侍郎。著作丰富，有《清吟堂全集》等。

三、《通鉴纪事本末》

《通鉴纪事本末》向称为纪事本末体史的第一部，它的产生的动机，已见前述。其书全据《通鉴》原文，区别门目，以类排纂，每事务详起讫，自为标题；每篇各编年月，自为首尾；始于三家分晋，终于周世宗征淮南；将千三百六十余年的书，约之为二百三十九事。为卷为四十有二。宋孝宗读而嘉叹，以赐东宫及江上诸帅，且云："治道尽在是矣！"朱熹亦颇加以称道。但全书所述，仅限于政治方面，关于社会其他部分的事项，尚付阙如。但作者本以钞《通鉴》为主，所述不出《通鉴》以外，亦无怪其然了。

作者袁枢，字机仲，宋之建安人。孝宗初，试礼部，词赋第一。历官至工部侍郎，以右文殿修撰知江陵府。寻提举太平兴国宫，著书以终。

与《通鉴纪事本末》有同样价值，而不名为纪事本末的，有马骕的《绎史》。此书录开辟至秦末事，可与《通鉴纪事本末》相接，犹之《资治通鉴》之有刘恕的《通鉴外纪》。全书凡一百六十卷，首为世系图与年表，不入卷数，次太古十卷，次三代二十卷，春秋七十卷，战国五十卷，别录十卷。每事各立标题，详其始末。其事迹皆引古籍，先后排比；相类的事，别随文附注；或有异同讹舛，则为疏通辨证。故与他种纪事本末仅排纂年月，镕铸成篇的，全不相同。其别录十卷，为表、志十篇，亦为他种纪事本末所无。总之，其书搜罗繁富，语必有征，事必赅实，在同类书中，最称信史了。

作者马骕，字骢卿，一字宛斯，清邹平人。顺治进士，官灵壁知县，卒于任。所著除《绎史》外，有《左传事纬》。时称“马三代”。

续于《通鉴纪事本末》以后的，有杨仲良的《皇宋通鉴长编纪事本末》一百五十卷，系依李焘《续资治通鉴长编》而作，故只述北宋一朝。但焘书今本已佚去徽钦二朝，此书犹全，赖之得以考见它的大概。

四、《宋元史纪事本末》

《宋史纪事本末》的体裁，与《通鉴纪事本末》相同，其取材亦专依据《宋史》。初稿作者，为明礼部侍郎冯琦。他欲仿《通鉴纪事本末》的例，论次宋代事迹，分类排比，以续袁枢的书，未成而殁。御史刘曰梧得他的遗稿，因命陈邦瞻增订成书，故今本题陈邦瞻作。全书二十六卷，自太祖代周，至文谢的死，分一百九目。其中十之三为琦原作，十之七为邦瞻所增。书中纪事，兼及辽、金，故《四库全书总目提要》以为："当称《宋辽金三史纪事》，方于体例无乖。"

《元史纪事本末》凡四卷，亦陈邦瞻作。全书仅分二十七目，其中律令之定一条，下注一"补"字，为臧懋修所增。是书根据，不出《元史》与商辂《续纲目》；又于元、明间事，以为应入《明史》，不之采录，故远不及《宋史纪事本末》的赅博。

邦瞻，字德远，明高安人。万历进士。累官兵部右侍郎，总督两广军务，讨平田州土酋之乱。天启初，召拜左侍郎，卒于官。所著除《宋元史纪事本末》外，有《莲华山房集》。

专记西夏、辽、金史事的，有张鉴的《西夏纪事本末》三十六卷，李有棠的《辽史纪事本末》四十卷、《金史纪事本末》五十二卷。鉴，字春冶，乌程人，嘉庆时，官教谕。有棠，字不详，萍乡人，光绪时，官训导。

五、《明史纪事本末》

《明史纪事本末》的取材，与《宋元史纪事本末》不同；后者作于《宋史》《元史》告成之后，故全以正史为主，前者则作于《明史》尚未刊定之际，故多从野史。相传明遗民张岱尝辑明一代遗事，为《石匮藏书》，谷应泰作《明史纪事本末》，以五百金购求其稿，岱慨然应许。又云：谈迁著有编年史，应泰作《纪事本末》，亦多所取材。全书凡八十卷，每卷为一篇。篇后各附论断，以骈偶行文，为他书所未有。后有倪在田作《续明史纪事本末》十八卷，不甚通行。

谷应泰，字庚虞，清丰润人，顺治进士。官浙江提要佥事，陆陇其即其所拔士。博学工文，所作除《明史纪事本末外》，有《筑盆堂集》。

《三藩纪事本末》专写明末诸藩灭亡史实，凡四卷，清人杨陆荣所撰。书的开端纪福王、唐王、桂王始末及四镇、两案、马阮之奸；次纪顺治初年平浙、平闽、平粤、平江右事迹及鲁王、益王之乱，饶州死难诸人，金声桓之乱及清兵南征，何腾蛟、瞿式耜之死，孙可望、李延龄之变；次为桂王入缅，蜀乱、闽蜀乱及杂乱。所记颇多疏陋，又多传闻异辞。

杨陆荣，字采南，清青浦人。康熙时诸生。著作颇多，有《易互》《五代史志疑》《潭西诗集》等。

第五节　政书

一、总论

“政书”专纪文物制度，所包颇广。《隋书·经籍志》史部中“旧事”“仪注”“刑法”三门的书，都属这一类。后世史志或书目，大都依据它：仅“旧事”或称“故事”，亦作“典故”；“仪注”或作“礼法”；“刑法”亦作“政刑”，亦称“法令”。清代编《四库全书》，始据钱溥《秘阁书目》，合并为“政书”一门。而考其实际，《四库全书》中的“地理”“职官”“目录”三类，也已包括其中。不过这三类颇多单行的书，所以仍存其目，没有把它们并掉。

“政书”的来源很古，滥觞于“正史”的“书志”一门，而为“正史”的附庸。然“正史”大都为断代史，而“书志”

一门，或有或无，并不重视。即有之，也因断代的关系，如欲追叙来源于前代，则有犯体制，不叙则又源委不明，往往捉襟见肘。于是令人有统括史志，别成专书的必要。唐人杜佑的《通典》，便是应这需要的第一部著作。到了宋代，《唐会要》《五代会要》《两汉会要》诸书出世，原为“通史”体裁的政书，又遂有了断代的一体，反失去了原来的意义。

政书的有名著作，当推“三通”，就是杜佑的《通典》、宋郑樵的《通志·二十略》、元马端临的《文献通考》。到了清代，敕撰的“续三通”与“皇朝三通”告成，于是《九通全书》遂大行。或嫌《通考》太繁缛，于是有《文献通考节要》《三通考详节》；或疑《九通》多重复，于是有《九通通》《二十四史九通政典类要》等删节并合本行世。到了最近，上海涵芬楼重印“九通”又加入刘氏的《续皇朝文献通考》，称为“十通”，附在《万有文库》第二集出版。

二、《通典》

《通典》为通史体的政书的第一部。在先，有唐人刘秩，当仿《周官》体制，摭拾百家旧籍，分门排比，作《政典》三十五卷。为杜佑所见，以为其书犹未详备，因补其所阙，增益新制，成《通典》二百卷。《通典》虽有蓝本，然体制较备，不能不推为创作。但也因是创作的缘故，所以较其他“二通”，颇多疏陋的地方。

《通典》分为食货、选举、职官、礼、乐、兵刑、州郡及边防八门，每门又各分子目，上始黄虞，讫于唐之天宝；肃代以后，或有沿革，亦附载注中。门目的次序先后，据他在《自序》里所说，是很有意义的。他说：“既富而教，故先食货；行教化在设官，任官在审才，审才在精选举，故选举、职官次焉；人才得而治以理，乃兴礼乐，故次礼次乐；教化隳则用刑罚，故次兵次刑；设州郡分领，故次州郡；而终之以边防。”

杜佑，字君卿，唐京兆万年人。以荫补济南参军事。历官至检校司徒同中书门下平章事，封岐国公。以太保致仕。卒，谥安简。

《通典》成书较早，所以宋人已有续作。《宋史·艺文志》有宋白《续通典》二百卷，系咸平中奉诏所作；起唐至德初，止周显德末，凡二百余年。其书今已亡佚。清乾隆时，敕诸臣撰《续通典》一百四十四卷，亦起于唐至德初，终明崇祯末，篇目一仍杜作之旧，惟杜作以兵制附刑后，此书则兵、刑各为一篇，稍有不同。又敕撰《皇朝通典》一百卷，体制全同杜作，兵、刑不分，仍分八门，仅子目稍有分并删增。

三、《通志·二十略》

《通志》为《史记》后唯一的纪事传体的通史，故《四库全书》把它列入别史（凡不列入“二十四史”的纪传体史，都入此类）。在《通志》以前，梁武帝曾敕吴均等续《史记》作《通史》六百二十卷，上自汉代太初，下终齐代，惜其书随梁亡而被毁。郑樵因继为此书，成帝纪十八卷，皇后列传二卷，年谱四卷，略五十一卷，列传一百二十五卷，凡二百卷。但其中纪、传二体，大抵删录诸史，稍有移掇，因仍旧目，为例不纯；年谱仿《史记》诸表之例，惟间以大封拜、大政事错杂其中，或繁或漏，并不一定，都非作者注意所在。其平生之精力，全帙之菁华，惟在《二十略》。《二十略》在宋时已单行，全书反不很流行，故宋元人也大都只见他的《二十略》。而后世学者所称誉的，也只在他的《二十略》。我们现在把它列入政书，尤当以《二十略》为主。

《通志·二十略》的总目，为：氏族略、六书略、七音略、天文略、地理略、都邑略、礼略、谥略、器服略、乐略、职官略、选举略、刑法略、食货略、艺文略、校雠略、图谱略、金石略、灾祥略、草木昆虫略。作者自以为其中礼、职官、选举、刑法、食货五略，都本前人之典；其馀氏族等十五略，都出自胸臆，非因成说。故十五略尤为其专门绝业所在。

其中发明新例如校雠略、氏族略，订正俗见如图谱略、灾祥略、乐略、谥略，廓开史域如六书略、七音略、昆虫草木略，都是就平生著述中（宋史本传称他初为经旨、礼乐、文字、天文、地理、虫鱼、草木、方书之学，皆有论辩）摭取菁华而成，故其博雅即史迁亦不及。《四库总目提要》讥议它分目冗杂，考据疏略。那是一偏之见，不足为定评的。

郑樵，字渔仲，宋兴化军莆田人。好著书，居夹漈山。尝上其所著书，诏藏秘府。以荐授右迪功郎，礼兵部架阁。终枢密院编修官。著述宏富，今所知者有《诗辨妄》《系声乐府》《本草成书》等五十七种。

清乾隆三十二年，高宗既敕撰《续通典》，又敕撰《续通志》，讫于明末，凡成书五百二十七卷。其书纪、传、谱、略，大体一仍郑氏之旧，仅列传一门，略有订增，艺文、图谱、昆虫草木三略，略变编例。同时，又敕撰《皇朝通志》二百卷，省纪、传、年谱不作，仅为《二十略》，其中有原本繁缛而汰除的，有原本疏漏而增补的，有原本冗琐而删并的，有原本所未闻的，然分目仍旧，内容大致不甚相异。

四、《文献通考》

《文献通考》系以《通典》为蓝本，以创作言，固一无可取，故章学诚以为“无别识，无通裁”。但它在“三通”中为最后出世，取材最博赅，质量最丰富，所叙较《通典》《通志》为详赡，故得列为“三通”之一，至今不废。

《文献通考》凡三百四十八卷，《自序》谓“引古经史，谓之‘文’；参以唐宋以来诸臣之奏疏、诸儒之议论，谓之‘献’：故名曰《文献通考》。”全书分为田赋、钱币、户口、职役、征榷、市籴、土贡、国用、选举、学校、职官、郊社、宗庙、王礼、乐、兵、刑、经籍、帝系、封建、象纬、物异、舆地、四裔等二十四考，其中田赋等十九考，都据《通典》而重加离析，惟经籍、帝系、封建、象纬、物异五考，则广《通典》所未及。所载尤详于宋制，且多《宋史》各志所未备；案语亦多能贯穿古今，折衷至当，为其他“二通”所不及。

作者马端临，字贵与，元江西乐平人，宋宰相马廷鸾之子。咸淳中，漕试第一。会父以忤贾似道去国，他就留居侍养。元初，起为柯山书院山长。终于台州儒学教授。其他述作，有《多识录》等。

《文献通考》所叙，讫于宋宁宗嘉定。明人王圻复捃拾补缀，为《续文献通考》二百五十四卷，其书至今犹存。清乾隆时，以王书过于疏陋，遂敕群臣重撰，讫于明末，成书二百五十二卷，分门一依马氏原书，而内容略有增减，取材亦间及王作，但所存不及十一。书成而王作几废。同时，又敕撰《皇朝文献通考》二百六十六卷，分门初亦依马书原目，后增群庙一目，为二十五目，每门细目，亦略有更变。此二书与马作合称为“三通考”。

第四章　文学

第一节　总论

一、名称

“文学”在中国向称为“文”，因为中国从前所谓“文学”，和现在所谓“文学”，全不相同。中国从前所谓“文学”，有三种意义：

（一）指一切的学问。如《论语》：“文学：子游、子夏。”

（二）指有学问的人。如《韩非子》：“此世之所以多文学也。”

（三）指做官的文人。如秦蒙恬为典狱官，史称典狱文学。

综观上述三种用法，意义虽各有所属，但都不能脱去“学问”的一义，所以古时所谓“文学”，实不啻于现在所谓“学术”。向来国人作中国文学史，往往写成的是中国学术史，我们常莫明其故，可以由此恍然。

至于“文”字的意义，古时也共有三义：一为纹画的文，如《礼记》：“披发文身。”二为文饰的文，如《论语》：“文质彬彬。”三为文字的文，如《孟子》：“不以文害辞。”这三种意义也都和现代所谓“文学”似毫不相关，而实际已较接近。因为“文章”的“文”，即从这三个意义引申而来，“文章”指一切用文字组织成的篇章，是广义的文学，不能说与文学无关。到了晋代，“文”“笔”对立，“文”指“纯文学”，“笔”指“杂文学”。这时的所谓“文”便和现代所谓“文学”无别。等到梁萧统编《文选》，大胆地排“经”“史”“子”的文章于“文”外，以“事出沉思，义归翰藻”为“文”的标准，“文学”的范围更形确立。

到了唐代，韩愈为了反对当时盛行的“言之无物”的骈文，于是创“文以载道”之说。他的用意原无不善。但他所谓“文以载道”的“文”，非晋人及萧统所谓“文”，乃指广义的文学——文章。后人不明“文学”广狭二义，以“文以载道”之说专施之于狭义的文学——纯文学，其流弊遂不可胜言。宋元明清以来，小说、戏曲、唱词常为一般古文家所排斥，而不得列为文学，都以此为托言。所以在新文化运动开始时，韩氏会因此被斥为“文妖”，这都是为后代古文家所牵累；韩氏如在，当亦不甘心的。

今人章炳麟说：“有文字著于竹帛叫做‘文’；论彼底法式叫做‘文学’。”他乃将“文”字“学”字分开解释，把“学”字和“经学”“子学”“史学”的“学”字作同样看待，当然不会与“文学”的真义相合。胡适则在《什么是文学》一文里说：“文学是达意表情的工具，达意达得好，表情表得妙，便是‘文学’。”这个定义虽微嫌过于抽象，可是在一切新的文学定义中，它已是比较地最简便而又最容易使人领会的一个了。

二、起源

“文学”起源于风谣，而风谣则为情感的迸发，所以班固说：“哀乐之心感，而歌咏之声发。”情感与生俱来，有人生即有情感，所以“文学”是与生俱来的。或以为文学的产生，在于有文字之前，就因这个缘故。

风谣是原始的诗歌。它和诗歌本来无甚分别，不过由于内容而言，风谣是未成熟的而诗歌是较成熟的文学作品；从表现一方面言，风谣中以言语而诗歌则用文字为工具而已。风谣更进一步，即成诗歌；诗歌亦是原始的文学，因为它是最先用文字写成的文学。即就各体文学发生的程序而言，韵文常先于散文，那么诗歌之亦为原始文学，当不至于是属于无根之言了。

以文学的内容言，那么“神话”必先于“人话”。因为根据人类思想进化的历程，“神话”本是人类的原始思想的寄托。不经过这个思想，人类不会一步就跨到合于“理智”的思想。那么“神话”是怎样来的呢？“神话”是人类专恃自然生活时代的产物；本是人类解释自然现象的种种“假设”。因为他们受到自然给予的种种恩惠，赖着自然所创造的种种物质来维持生活，在无从致其感谢之际，遂在想像中造出一个理想的主宰来作为崇拜的对象；这个对象就是“神”。“神”是超人的“自然人”，所以他和人一般会思想行动。“神”的行动，就是自然现象的变化；所以“神话”的内容，往往在解释自然现象所以如此变化的理由。原始神话的表现的方式，就用风谣。风谣中最多的是颂神诗和赞美自然的诗，而诗里所含的意义，即都属于神话。

民间传说的创造，则较“神话”略后。中国有史以前著名的人君，如三皇五帝之流，都是传说中所虚构的人物。就是“夏禹治水”的故事、“汤为牺牲”的故事，也是传说的成分居多。前者为怎样解除洪水的传说，后者为怎样解除亢旱的传说。二者都是人力打破天然灾戾的伟大功绩的记录，所以把来加在二位开国之君的身上。在这里，可以见到传说与神话的不同：原来“神话”是在赞美神的种种行动；而“传说”则在述说人力怎样战胜神力的种种。这是人类思想进化的征象，同时也是人类社会生活前进的表现。

西洋文学起源于颂歌和史诗，颂歌皆关神话，史诗都取材于传说，中国亦然。中国的史诗，已有不少被写入文字，后来被孔子编入《诗经》中。但这些史诗，都是零星片段，像西洋荷马所作那样的长篇史诗，在中国却没有。而中国的颂歌虽不多见，但被保存的零星的神话，却可在《山海经》一类古书中去找见。

三、性质

文学的性质向不为中国文人所注意，所以除了“文以载道”一说以外，不曾有过一种有力的主张。因为中国文人所注意的是“正统”与“非正统”的派别问题，而所谓“正统”派者也非以一定的性质为标准，而以几个古人所作的文字为标准。所以所谓派别云者，全以模拟古人所作文字相像与否而定其身份，余外非其所问。这样一来，中国文学遂走入了晦暗而需要革命的路了。

自文学革命成功以后，“正统”“非正统”之争已消灭，于是遂注意到作品的风格问题，作者的意识问题，表现的方法问题。由这许多问题，才解决了历来文学家所没有提出的一个大问题，就是文学的性质问题。现在挨次说明于后：

（一）豪放与婉约　由作品的风格上去探索文学的性质，则有豪放与婉约的两派。这是作者的个性关系。南方的迂缓柔媚的民族，所写的都是婉约的作品，被称为儿女文学。北方的磊落豪迈的民族，所写的都是豪放的作品，被称为英雄文学。英雄文学和儿女文学，成为历来中国文学上牢不可破的大鸿沟。一切的文学，都为这道鸿沟所间隔着，由过去、现在而及于未来。

（二）平民的与贵族的　分文学的性质为平民的与贵族的两种，乃是作者的意识的关系而非身份的关系。因为只要作者的意识是平民的，即使身为专制皇帝，他的作品终属平民的；反之，作者的意识是贵族的，即使他的地位低微得连奴隶也不如，他的作品终属之于贵族的文学。

（三）浪漫的与写实的　在西洋文学史上，有所谓浪漫主义，一名理想主义；又有所谓写实主义，一名自然主义。这两种因表现方法不同而产生的主义，在西洋文学上交替地消长它们的势力。浪漫主义的后面是写实主义，继续写实主义的是新浪漫主义，最后又来了新写实主义。它们的分别，只就“理想”和“写实”这两个名辞上去探索，已可明白它的大概。但过去的中国文学史上没有生产过这二种主义，而只用过这二种方法。所以我们只能以“浪漫的”与“写实的”两个形容词来分别，而避免用“主义”的字样。

这三种文学的分类，都以性质为标准，常为新兴文学史家或文艺批评家所采用。或有人把文学的性质分为抒情、写景、说理三类，那是文学的技术上的分类，属于作文法方面，与本文所要讲的没有关系，所以不去加以剖析了。

四、体裁

“文学”在国学中本不成为独立的一种学术，所以向来没有显明的地位，“文学”中的“小说”，向来列入子部，而称为“小说家”，与儒家、道家等并列，但不收话本与通俗小说。至于集部的书，也不曾包括一切的文学。因集部所收，以诗、古文为主，虽兼及词曲，然犹未及于戏曲和唱词。所以如以集部为文学，则中国文学仅得下列五类：一、《楚辞》；二、别集；三、总集；四、诗文评；五、词曲（据《四库全书》所分）。这种分类，不独不能包括中国文学所有的体裁，而也没有全将所谓中国文学包括在内。所以本书不谈“集学”，而另创“文学”一目来替代。

“文学”的体裁，随着时代而在演变，或古无今有，或古有而今已不用，所以不易分割。更加以文学观念的不同，学者各有所见，而所分亦不一致。现在将历来较近于纯文学的分类，略作简明的叙述如后。

曹丕的《典论·论文》，是一篇最早的批评文学，它把当时的所谓“文”分为四体，且说明各体的特长，以为：“奏议宜雅”，“书论宜理”，“铭诔尚实”，“诗赋欲丽”。陆机的《文赋》则分“文”为十类，为诗、赋、碑、诔、铭、箴、颂、论、奏、说。刘勰《文心雕龙》与颜之推《家训》又扩大为二十类，为：论、说、辞、序、诏、策、章、奏、赋、颂、歌、赞、铭、诔、箴、祝、记、传、移、檄。

此外，萧统《文选》分诗文体裁为三十九类；任昉《文章缘起》分文章题目为八十四类：都不尽妥善。至吴讷《文章辨体》分为五十类，徐师曾《文体明辨》分为百有余种，因二书撰作时代较后，所收已由诗文及于词曲，故较前人为完备。然也大都仅从表面观察，遗漏尚多，亦未尽分体的能事。

至姚鼐编《古文辞类纂》，也学《文选》，不录经、史、子之文，故成为近代古文分类的权威。这种分法，虽非纯文学的准确分类，但已深入人心，所以也为吾人所不可不知。十三类为：论辨、序跋、奏议、诏令、书说、赠序、传状、碑志、杂记、箴铭、颂赞、哀祭、辞赋。后来曾国藩编《经史百家杂钞》，分为三门十一类，每类以经为首，兼及史子，一反姚氏宗旨。而“文”的范围，遂被扩大至于无垠，而离“纯文学”也愈远了。

上述许多的分体，大都以文章为主，故在现代全不适用。本书所分体裁，完全依照现代的分法，而斟酌中国文学的特殊情形，分为：诗歌、小说、戏曲、唱词四大类。诗歌包括一切韵文，小说则以散文代表，戏曲与唱词则为韵文与散文的混合体。所谓中国文学，大概已尽于此了。

第二节　诗歌

一、总论

“诗歌”在从前大都简称为“诗”。“诗”是什么？《释名》说：“诗，之也；志之所之也。”《乐记》说：“诗，言其志也。”《文心雕龙》说：“诗者，持也；持人性情。”这几种说法，大都不脱《毛诗序》所谓“在心为志，发言为诗”的意思。但这里所谓“志”，实包括“思想”和“感情”而言。所以他们都以为诗是感情和思想的发露，感情和思想用言语发露时就是“诗”。“诗”和“歌”虽并称，但他们中间也有不同所在。《说文解字》说：“歌，咏也。”《诗传》云：“曲合乐曰歌。”可见“诗”是徒歌，“歌”是乐歌。本节论诗歌，包括徒歌（如古诗）、乐歌（如乐府）两体，所以不能简称为“诗”而必用“诗歌”二字。

“诗歌”发生于感情和思想的迸发，所以它的起源，可以说“与生俱来”。至于写成文字，乃是后来之事。古代诗歌因写成文字而流传下来的，三代以前，相传有葛天氏《乐歌》八阕佚存的一句，伊耆氏的《蜡祭辞》四句，黄帝时的《断竹歌》二句，唐时有《击壤歌》《康衢谣》《大唐歌》，虞时有《南风歌》《股肱元首歌》《卿云歌》《八伯赞歌》《载歌》等。但这许多诗已经后人考明都是伪托，所以最先用文字写成诗歌的时代，应该略为移后。《诗经》是现在所见中国古代用文字写成的诗的第一部，它里面最先的诗是商代作品。于是我们可以决定，我们现在所能见到的最先用文字写成的诗，是商人的诗。至周代，诗歌乃大发达，创作日多，中经孔子删订后，它的地位也遂日渐隆高。历汉晋至唐，诗歌遂发展到极度，而伟大作品也随时可见了。

“诗歌”的分类，最早见于《毛诗》。《诗序》所谓“六义”，其中风、雅、颂是就诗的性质分类，赋、比、兴是就诗的体裁分类。但诗的性质古今不变，而体裁则时常在演化。所以在“词”“曲”未起之先，诗的体裁上的分类仅有“诗”“赋”“乐府”三类；一到宋元以后，又不能不加入“词”和“散曲”二体。本书所述，即以“诗”“赋”“乐府”“词”“曲”五类为主，因为它们不独各自成体，而且有历史的相承的关系，又各有它们的特殊的表现。

“诗歌”的体裁虽然跟着时代在演化，所以今体不同古体，不能相提并论，但它们也有一致的所在。因为凡是所谓中国诗的格式，无论为“诗”、为“词”、为“曲”，都不能违反下列的四个条件：（一）句数有定限；（二）一句的字数有规定；（三）句中各字的平仄须和谐；（四）句尾须押韵。除去（一）条不能适用于“古诗”“赋”“乐府”外，其余三条各体都必须遵守。这是诗体的一致所在，也就是“诗歌”与“散文”的不同所在，为研究诗歌的人所不能不知的。

二、诗

本节专叙狭义的“诗”，包括着从前所谓“古诗”与“近体诗”。“古诗”专指汉魏六朝所作五七言诗，除去乐府所收，都入此类。“近体诗”专指唐人所创作诗，兼包绝句。这两种诗体向被视为诗歌正宗，占据了数千年诗坛的势力。后来词曲兴起，虽在民间占着盛大势力，但向不被视为诗歌正宗，没有把它们诗坛的正席夺去。

古诗直接自《诗经》而来，它们的不同仅在《诗经》的诗都可合乐，而古诗止能吟咏。古诗的句法，有四言、五言、七言的不同，在汉魏六朝时三体都同样应用，后来却多用五言与七言。古诗和近体诗的不同，在：古诗句数没有限定，近体诗则有一定的限止；古诗可以随意换韵，不讲平仄与对偶，近体则有一定的格律。近体诗有五言、六言、七言，常用的只为五言、七言两体。近体诗光有律诗，每首均为八句。一二句名起联，又名发句；三四句名颔联；五六句名颈联；七八句落句，又名结句。其中颔联、颈联必须讲对仗；起联与结句则不限定。全首须一韵到底，不能换韵。绝句的每句字数同律诗，每首则止四句，向来以为截取律诗中任何四句而成，故名绝句。《文体明辨》说："凡后两句对者是截前四句；前二句对者是截后四句；全篇皆对者是截中四句；皆不对者是截首尾四句。"

汉代是五言古诗发轫的时代。但西汉的苏李《赠答诗》和枚乘等作的《古诗十九首》，实都是伪作。五言诗起来的真实时代为东汉，现在可考的作者仅有应亨、班固、秦嘉、高彪、蔡邕、赵壹、郦炎、蔡琰等八人。等到"建安七子"（孔融、陈琳、王粲、徐幹、阮瑀、应玚、刘桢）及曹氏父子（操、丕、植）出来，五言诗才走入了黄金时代。

晋代诗人，初有“竹林七贤”（阮籍、嵇康、向秀、刘伶、阮咸、王戎、山涛），以阮嵇为中心。差不多时候，有傅玄、张华及“二陆（机、云）三张（载、协、亢）二潘（岳、尼）一左（思）”。东晋有刘琨与郭璞。晋末有陶潜，他是中国诗史上著名的自然派诗人，唯一的伟大的古诗作者。

南北朝诗是由古诗到近体诗的过渡，诗体由自然而趋于雕琢。宋诗人有“谢（灵运）颜（延年）鲍（照）”，齐诗人有沈约、谢朓，梁诗人有萧衍父子、江淹、何逊，陈诗人有徐陵、庾信、王褒等。

唐代是古今体诗的黄金时代。初唐有王勃、杨炯、卢照邻、骆宾王，称“四杰”。张九龄、陈子昂被称为复古诗人。沈佺期、宋之问号称“沈宋”。盛唐有诗仙李白与诗圣杜甫，时称“李杜”。王维、李颀、高适、岑参称“四子”。维、适、参又与孟浩然称“王孟高岑”。此外犹有崔颢、王湾、常建、贾至、储光羲、王之涣、王昌龄等。中唐有卢纶、吉中甫、韩翃、钱起、司空曙、苗发、崔峒、耿湋、夏侯审、李端，时称“大历十才子”。元稹与白居易称“元白”。刘禹锡与白居易称“刘白”。韩愈也与白居易称“韩白”。韦应物与刘长卿称“韦刘”。其他有孟郊、贾岛、卢仝、张籍、王建等。晚唐有李商隐、杜牧、温庭筠，时称“温李杜”。皮日休与陆龟蒙称“皮陆”。其他有韩偓、许浑、罗隐、赵嘏、朱庆余、司空图等。初唐为近体成立时期，盛唐、中唐为由近体渐趋复古时期，晚唐则又回复了近体时期。

宋时渐趋向于说理，故不及唐人。其中佼佼者北宋有林逋、欧阳修、苏轼、黄庭坚，南宋有陆游、范成大、杨万里。金诗人只有元遗山可以代表。元诗人仅有杨维祯，但以擅古乐府著名。明代著名诗人，也仅有高启。清代初期，则有王士祯、施闰章、宋琬。乾隆前后，有袁枚、蒋士铨、赵翼、黄景仁。清末，有金和与黄遵宪。此外尚多，但都不及一一细述。

三、赋

“赋”字的本义，正如《释名》所云：“赋，敷也；敷布其义谓之赋。”它是《周官》“六诗”之一，所以班固说：“赋者，古诗之流也。”也是《诗经》“六义”之一，朱熹解作“敷陈其事而直言之”。它和“古诗”的分别，则如《汉志》所云：“不歌而诵谓之赋。”《文心雕龙》：“赋，铺也；铺采摛文，体物写志也。”这才是正式对于赋体下的定义。陆机《文赋》有云：“赋体物而浏亮。”更说出了赋体的特色。

“赋”来源于《楚辞》。《楚辞》是介于“古诗”和“赋”间的产物，所以今人陈钟凡以为：“当正名为‘辞’，而不得目之为‘赋’。”因为“辞”可以歌，与古诗仅有音节章句的不同；“赋”则不能歌而仅能诵，与“辞”全然两样。《古文辞类纂》则并称为“辞赋”，当与陈氏有同等的见解。

《汉志》分“赋”为四类：一为屈赋之属；二为陆赋之属；三为荀赋之属；四为杂赋。屈赋大都为抒情诗；陆赋为说理诗；荀赋为咏物诗。《文选》则分“赋”为十五类：京都、郊祀、耕藉、畋猎、纪行、游览、宫殿、江海、物色、鸟兽、志、哀伤、论文、音乐、情，亦抒情、叙事、说理三者俱备，今天则都以体裁分类，分为古赋、俳赋、律赋、文赋四类。两汉所作为古赋，六朝为俳赋，唐为律赋，宋为文赋。在古赋与俳赋之间，尚盛行一种短赋，但作者不多，不久即衰歇，所以不与其他四者并列。

《楚辞》是一部辞集的名称，为汉人刘向所定，以其“书楚语，作楚声，纪楚地，名楚物”，故名。集中所作，以屈原为首，但《汉志》著录《屈赋》凡二十五篇，集中却并不全录。其余则为宋玉、景差的作品。

汉代辞进为赋，且称为赋的黄金时代。汉初作者，有陆贾与贾谊。武帝时赋家尤多，有枚乘、司马相如、东方朔、严忌、严助、刘安、吾丘寿王、司马迁、朱买臣、枚皋等。西汉末，刘向、王褒、扬雄、崔骃、冯衍，都以擅于作赋名。东汉则有班固、张衡、李尤、马融、祢衡、王粲、蔡邕、曹植等。

六朝由古赋进为俳赋。晋初作家有阮籍、嵇康、向秀及陆机、潘岳、左思，中期有郭璞，晋末有陶潜，南北朝时有谢惠连、谢庄、鲍照、江淹、庾信、徐陵、张融、沈约、任昉、丘迟等，皆以能赋著称。

唐代的赋为骈体，但骈体已不限于赋，故称骈文。唐初“四杰”所作，已为此体。萧颖士、李华、陆贽皆以是擅名。唐末温庭筠、李商隐、段成式的“三十六体”兴，骈文更进而成为纯粹的四六文。

宋人好以散文体为赋，且多尚说理。北宋欧阳修、苏轼所作，最多这种气息。南宋赋家汪藻、洪迈、孙觌等，则所作仍多为四六体。自此历元明至清，所谓赋家，竟不啻是骈文家的异名，而赋之为体，亦从而可知了。

四、乐府

“乐府”这个名称，实为“乐府诗”的简称，始于汉武帝的设立“乐府”。武帝所立“乐府”，本是一种官署的名称，是指掌乐之官所居的衙门。后世省称“乐府诗”为“乐府”，遂与官署名的“乐府”混而为一。汉人或称“乐府诗”为“乐章”，这个名称实较省称“乐府”为佳，可惜不很应用。

乐府的起源很古，因为诗和乐在古时候本来不可分离的。所谓“《钧天》九奏”，所谓“《葛天》八阕”，都是有史以前的著名乐歌。孔子常称舜乐之美，又把古诗删订为三百篇，合之音乐，成为今本的《诗经》。于此可见乐府来源之远。战国时诗亡乐废。汉代虽诗乐复兴，然自武帝立乐府，一面广采秦、楚、代、赵的民歌，一面命司马相如等制作，任李延年为协律都尉，于是乐府大盛，而诗、乐竟由此分了家。自是以后，诗仅止于吟咏；“乐章”则专在乐府通行。

汉明帝分乐府为四类：一、大予（一作太子）乐，用于郊庙陵寝；二、雅颂乐，用于辟雍飨射；三、黄门鼓吹乐，用于天子宴群臣；四、短箫铙歌乐，用于军中。宋人郭茂倩则分为十二类，为：郊庙歌辞、燕射歌辞、鼓吹曲辞、横吹曲辞、相和歌辞、清商曲辞、舞曲歌辞、琴曲歌辞、杂曲歌辞、近代曲辞、杂歌谣辞、新乐府辞。今人陆侃如以为只应分为下列八种，为：郊庙歌、燕射歌、舞曲、鼓吹曲、横吹曲、相和歌、清商曲、杂曲。

汉代的乐府，较重要的有三种：一为鼓吹曲辞，即短箫铙歌，凡二十二曲，都采自民间，而合以本国的音乐。二为横吹曲辞，歌辞已失传无考，所合音乐则来自外族。三为相和歌辞，歌辞的来源与所用音乐同鼓吹曲，传世颇多，著名的长诗《孔雀东南飞》即其中之一。其他尚有司马相如等所作的《郊祀歌》十九章，唐山夫人作的《安世歌》十七章，及舞曲等。

六朝的乐府，北朝盛行横吹曲，今存二十三曲，《木兰诗》与《折杨柳》可为其代表作。南朝则流行清商曲辞，又分为西曲歌与吴声歌曲，它们中间很多抒情歌。吴声歌中如《子夜歌》《读曲歌》《华山畿》等，都是前所未有的大胆的恋歌，为古今体诗作者屐齿所未经。西曲歌中如《石城乐》《乌夜啼》《莫愁乐》等，很多描写商人的浪漫生活，也为前此诗人所未曾涉笔。

古乐府的时代至此而终止。因为自此以后，唐代的乐府即为近体诗，宋代的乐府为词，元明的乐府为南北曲，各自成一种体裁而不相因袭，间有文人创作，如白居易的“新乐府”之类，可是作风虽古，已不能合乐。所有的拟作也都是如此。

五、词

“词”一名“诗余”，又名“长短句”。“词”字的本义，《说文解字》云：“词，意内而言外也。”段玉裁注云：“词者，文字形声之合也。”又云：“词者从司言，此摹绘物状及发声助语之文字也。”这明是指文法“词类”的词，与诗中的“词”无关，原来“词”在文学中为后起之体，所以不能就字义作解释。今人胡云翼以为：“词是一种乐府诗，它的形式，因为协乐的缘故，往往是长短句；它的韵律，也因为协乐的缘故，比诗更严格。但实质却与诗一样的，以情感为它的灵魂。可以说是诗的一体。”

词的分类，或以词的风格分为豪放与婉约两类，或以词的长短分为小令、中调、长调三类。胡云翼则以词描写的对象分为十一类，为：艳情词、闺情词、乡思词、愁别词、悼亡词、叹逝词、写景词、咏物词、祝颂词、咏怀词、怀古词。胡适则依词的演变情形，分为：一、歌者的词；二、诗人的词；三、词匠的词。如以词的体裁来分，则有令、引、近、慢、三台、序子、法曲、大曲、缠令、诸宫调、曲破、缠踏、鼓吹曲、摘遍、叠韵、联章十六种；其中除令、引、近、慢、三台、序子都是散词外，其余都是成套的词。至各体词调，据清代《钦定词谱》所收，共有八百二十六调，二千三百〇六体。

词起于中唐以后。前此虽亦有近于词体的长短句诗，但作者本不自名为词，仅视为诗的一体。至称为李白作的《忆秦娥》等，都是伪作。专作词的作家，始于唐末的温庭筠。到五代时，作者大盛。蜀中有韦庄、牛峤、李珣、尹鹗、毛文锡、鹿虔扆、顾敻、魏承班、欧阳彬、薛昭蕴、欧阳炯、张泌、王衍与孟昶，荆南有孙光宪，闽中有徐昌图，中原有和凝与李存勖，南唐有李璟、李煜、冯延巳、成彦雄、徐铉等。

词的黄金时代在宋，作者上至帝王，下至贩夫，无所不有。初期的大作家，有晏殊、晏几道、欧阳修、张先、柳永等。这时期同唐五代所作，即胡适所谓“歌者的词”。中期大作家，则有苏轼、黄庭坚、秦观、贺铸、周邦彦、李清照、辛弃疾、刘过、朱敦儒、向子堙、张孝祥等，除了少数的例外，余皆是胡适称为“诗人的词”。末期则有姜夔、史达祖、高观国、吴文英、周密、王沂孙、张炎等，胡适称之为“词匠的词”。初期词与唐五代词并为歌者歌唱而作，中期则仅为文人纸上的词，不能协律，末期则转而刻划音律，仍恢复了可唱的性质。

金元词无甚可述。明代亦无著名词家。清代有词学复兴时代之称，作者人数较宋代更多，但可述者亦仅有纳兰性德、吴藻、项鸿祚等三数人而已。他如浙派首领朱彝尊、常州派首领张惠言，他们对于词的见解或有可取，而所作则竟不能争第一流之席。

六、曲

“曲”一名“词余”。它是词的演进，也是乐府的一体。它又是中国诗歌和戏剧的分界，因为“曲”包含“散曲”和“戏曲”而言，“散曲”属于诗歌，“戏曲”则为戏剧的一种，本节所述，只限散曲而不及戏曲；戏曲则在后面另开专章叙述。

曲在未独立成体时，在古今体诗、古乐府、词中早有以“曲”为题的，所以不易找出这个字义的来源。宋人张表臣以为：“音声杂比，高下短长者，谓之曲。”明人以为：“高下长短，委曲尽情，以道其微者，谓之曲。”今人王易以为：“曲字之义，则音韵曲折之意也。”所说大都近似。

“曲”有“散曲”“戏曲”之分，“散曲”又分“小令”和“套数”。“小令”一名“叶儿”，普通小令和“词”中的“令”差不多，大都篇幅很短；此外又有“摘遍”“重头”“带过曲”“集曲”数种。“套数”也称“散套”，合一宫调的曲若干而成，其体相当于“词”中的“赚词”；此外又有“重头加尾声”“无尾声”二类。散曲为叙述体，而戏曲为代言体。戏曲合音乐、动作、文辞而成，散曲则无动作。这是二者最大不同所在。

散曲有南北之分，元人所作为北曲，明人所作为南曲。南北曲之分，除了所用曲调不同外，北曲无入声，南曲仍四声兼用。元代作家，可分为豪放与清丽二派：前者可以马致远、冯子振、张养浩、贯云石、钟嗣成、马九皋、汪元亨、刘庭信、杨朝英为代表，后者可以张可久、乔吉、卢挚、关汉卿、白朴、郑光祖、徐再思为代表。但其中除马致远有《东篱乐府》，乔吉有《梦符散曲》，张可久有《小山乐府》，张养浩有《云庄休居自适小乐府》，贯云石、徐再思有《酸甜乐府》今尚传世外，其余的散曲集已大都不可见。

明代为南曲的黄金时代，较之元人北曲，又增多雕琢一派。豪放派的代表有：王九思作《碧山乐府》，康海作《沜东乐府》，常伦作《写情集》，李开先作《李中麓乐府》，冯惟敏作《海浮山馆词稿》。清丽派的代表，有：王磐作《西楼乐府》，陈铎作《秋碧乐府》与《梨云寄傲》，杨慎、黄峨夫妇作《杨升庵夫妇散曲》，金銮作《萧爽斋乐府》，沈仕作《吐窗绒》，陈所闻作《陈荩卿散曲》，施绍莘作《花影集》。雕琢派的代表，有：梁辰鱼作《江东白苎》，沈璟作《词隐新词》《情痴寐语》《曲海青冰》等。

清代是散曲的没落时期，和明代一样，可分为三派：豪放派可以尤侗、刘熙载为代表；清丽派可以徐石麒、吴绮、朱彝尊、厉鹗、吴锡麒、赵庆熺、吴藻、许光治、杨恩寿为代表，雕琢派可以沈谦、蒋士铨为代表。

第三节　小说

一、总论

“小说”这个名称，初见于《庄子》，《荀子》则称之为“小家珍说”。《汉书·艺文志》把小说列入《诸子略》，而且说：“小说家者流，盖出于稗官。街谈巷语，道听途说者之所造也。”但一考所录作品，其中如《伊尹说》《鬻子说》《周考》《青史子》等等，或依托古人，或记古事，显然不像“街谈巷语”，不知何故。其后诸史艺文志或经籍志子部，都有小说一门，而又增入晋代以来所有传鬼神、数典故的杂书。中国正统派学者所视为小说的书，大概尽如上述。近世西洋文学传入中国，于是学者才知小说的重要，更从故纸堆中寻出那些元明清人所作的通俗小说，这些书向为正统派学者所弃，从此也把它们与从前子部中的所谓小说并列一起，于是中国才有了真正的所谓小说。

小说来源于神话与传说。神话与传说的产生时代，远在太古草昧之世，所以小说的产生，与诗歌同样，在文学中为最早。神话专记神人的行事，传说则以叙述古英雄；它们和后世小说的不同，仅在前者内容简陋，以口耳相传，后者内容精密，著之于文字而已。吾们如要一窥古代神话的内容，吾们可以在古来第一部神话大宝藏《山海经》中去搜寻。其他如《诗经》《楚辞》及汉晋六朝人志怪书中，亦保存有不少。不过没有一篇是整个的，都是些零星的记载。

正式写入文字的小说专著，以现在所见而言，当自汉代开始。但所写都是些神仙故事，思想艺术都幼稚的可笑。魏晋六朝的志怪书，由写神仙以及鬼怪，其取材的范围虽扩大，但技术反见退步，一变整篇的叙述而为零段的记载。等到唐人传奇、宋人话本出来，中国才有真正的短篇小说；等到元明清平话与通俗演义等出来，中国才有篇幅巨大的长篇小说。所以真正配称为小说的作品，而合于现代所谓小说的定义，实只有传奇、话本、平话、通俗演义四种罢了。

中国小说因为它所含意义的游移，所以向来不曾有过一种准确的分类。明人胡应麟分小说为六类，为：志怪、传奇、杂录、丛谈、辩订与箴规。六类中可以当得起小说的称谓的，仅志怪、传奇、杂录三类；余则都是些笔记读书录之流，即与“街谈巷语”的标准亦不合。清代《四库全书》则分小说为三门：（一）为叙述杂事；（二）为记录异闻；（三）为缀辑琐语。这三门其实仅等于胡氏所分的两类，（一）即杂录，（二）（三）都为志怪；而真正的小说、传奇反置之不录。但它把丛谈、辩订、箴规三类多改属杂家，不能不算是目录学上一大进步。本书则以体裁和文辞的不同，分为琐话、传奇、话本、通俗演义四类；前二者写以文言，后二者都用白话。中国历来相传所有一切所谓小说，都可用这四类包括。而这四者又有相承的关系，各有它们的黄金时代，更足为中国小说增其光辉。

二、琐话

琐话为最近于原始小说的一种，所以它的内容最复杂，思想技术也最幼稚。里面有古代遗留的神话与传说，也有鬼闻怪事，也有佛教的应验录，也记时人的言行，也有笑话。这些复杂的作品，一时颇难下一适当的总名，所以姑名之为“琐话”。

琐话开始于汉代，但现存称为汉人的作品，大都为伪托。

如东方朔的《神异经》与《海内十洲记》、班固的《汉武故事》、刘歆的《西京杂记》、伶玄的《飞燕外传》、郭宪的《洞冥记》、失名的《汉武内传》与《杂事秘辛》，都是伪书。但这些书里所写，都是神仙故事或宫闱琐事，与汉代历史背景相合。所以虽是伪作，尚属伪书中的上乘，与凭空捏造的不同。

晋与六朝才是琐话的黄金时代。琐话中除了鬼神志怪书为汉代神仙故事的演进外，又新生了二种新材料，一种是清言集，一种是应验录。清言集是晋人崇尚清谈的结晶；应验录则是佛教势力澎涨后的宣传成绩。这三类琐话，鬼神志怪书和清言集自属纯文学的作品，而应验录却有宗教书的嫌疑，虽然作者大都也是一时闻名的文人。下面略述这三类琐话的成就：

鬼神志怪书（以下简称志怪书）的第一个作者，当推魏晋间人张华。他是当时一个著名的“博物洽闻”的人，著有《博物志》四百卷，后奉武帝命删存十卷。其次为葛洪，著有《神仙传》与《集异传》。此外，有干宝作《搜神记》，王嘉作《拾遗录》，陶潜作《续搜神记》（伪书），祖台之作《志怪录》，戴祚作《甄异传》等。南朝宋人所作，刘敬叔的《异苑》、刘义庆的《幽明录》、祖冲之的《述异记》、东阳无疑的《齐谐记》。齐梁间作品，则有任昉的《述异记》（伪书）、吴均的《续齐谐记》。其他尚有孔约的《志怪》、荀氏的《灵鬼志》、谢氏的《鬼神列传》，及陆氏的《异林》，则皆不知作者的时代。

清言集是中国有幽默作品专集的开始，以东晋裴启所作《语林》为第一部。稍后有郭澄之的《郭子》，亦名《郭玄》。及宋刘义庆作《世说》，流传至今，尤享盛名。梁沈约更作《俗说》，殷芸亦作《小说》，在当时与《世说》并称“三说”。

应验录的创作时代，在三类中居最后，传于今者亦最少，宋刘义庆作有《宣验记》，王琰作有《冥祥记》，北齐颜之推作有《还冤志》与《集灵记》，隋侯白作有《旌异记》，今仅《还冤志》存有全书。

三、传奇

“传奇”为唐代小说的代表作。唐人裴铏曾作短篇小说集，名为《传奇》，组织和内容都与同时其他短篇小说同，疑此即为后人称唐人小说为“传奇”的由来，它是六朝琐话集的演进：琐话集仅是些新闻式片段的记录，传奇则组织完备，内容也扩大，除神仙、鬼怪外，又加入了专写恋爱和豪侠的二种故事。

传奇在小说中属于贵族文学，不独文辞方面如此，内容也是如此。因为传奇中的主人翁十九为文士与贵族。唐代是佛道二教势力并盛的时代，贵族文士都沉浸在它们的思想中，所以产生了许多的神怪故事。唐代是女权高涨时代，两性的地位既平等，关不住的恋爱心理自然舒展开来，于是来了许多关于两性的浪漫故事。唐代军阀的专横，实开有史以来未有的记录，被压迫者希冀情绪的反张，和政党间刺客的风行，因此又产生了许多骇人听闻的豪侠故事。

日本盐谷温氏分传奇为四类，为：别传、剑侠、艳情与神怪。别传本为史学上的一体，传奇中的别传虽所写亦为历史上的人物，但事迹多为捏造，故不应借用其名，以致混淆不清。所以现在按照别传内容的性质，一一纳入其他三类中，而取消了这一类。剑侠一类所写即为前述的豪侠故事，有段成式的《剑侠传》（《酉阳杂俎》的一部分）、杨巨源的《红线传》、薛调的《无双传》、柳理的《上青传》、杜光庭的《虬髯客传》、裴铏的《昆仑奴》与《聂隐娘》（《传奇》的篇名）等。艳情类所写即为浪漫故事，有张鷟的《游仙窟》、陈玄祐的《离魂记》、许尧佐的《柳氏传》、白行简的《李娃传》、蒋防的《霍小玉传》、陈鸿的《长恨歌传》、元稹的《会真记》、房千里的《杨倡传》等。神怪类所写即神怪故事，有王度的《古镜记》、失名的《补江总白猿传》、李朝威的《柳毅传》、沈既济的《枕中记》与《任氏传》、李景亮的《李章武传》与《人虎传》，李公佐的《南柯太守传》等四篇、沈亚之的《湘中怨》等三篇、韦瓘的《周秦行纪》等。这时成部的传奇集也很多，比较著名的有牛肃的《纪闻》、牛僧孺的《玄怪录》、薛用弱的《集异记》、郑还古的《博异志》、李复言的《续玄怪录》、张读的《宣室志》、袁郊的《甘泽谣》、裴铏的《传奇》、皇甫枚的《三水小牍》等。

宋初作传奇的人尚多，然大都托名。如《大业拾遗记》，托名唐颜师古作；《开河记》《迷楼记》及《海山记》，都托名唐韩偓作；《梅妃传》，托名唐曹邺作。能知作者真姓名的，仅有乐史，著有《绿珠传》等五篇；秦醇，著有《赵飞燕外传》等四篇。又有《李师师传》，作者不详，当出于南宋人之手。

明人传奇，除瞿佑的《剪灯新话》二十一篇，李祯的《剪灯余话》二十篇外，余都不甚著闻。清代则为传奇的复兴时代，作品很多，最著名的有三家，为蒲松龄的《聊斋志异》、袁枚的《子不语》、纪昀的《阅微草堂笔记》五种。此外犹有两部出名的长篇传奇，为屠绅的《蟫史》、陈球的《燕山外史》，皆用骈文写成。

四、话本

“话本”是宋时说书人所用的底本。说书在唐时已有，称为“市人小说”，其时有无底本则不可知。宋代说书盛行，名为“说话”，说话的人叫做“说话人”，说话用的底本就叫做“话本”。在距今二十多年前敦煌千佛洞石室所发现的唐末五代人的俗文小说几段，文辞较“话本”尤为通俗，且多讹文讹字，今尚不知它和宋人话本有无关系。

北宋之末，因说话人技术的进步，说话遂有科目的分别。据宋人赵某《都城纪胜》所载：说话有四家，为“小说”“说铁骑儿”“说经”“说参请”；另外有“讲史书”，与“说话”并列。两者的分别，大概“说话”可以全凭虚造，而“讲史书”必须有根据。至“讲史书”与“说铁骑儿”的分别，前者以一个朝代或一个皇帝为主，而后者则以一个名将或一家英雄为主；前者如各史平话，后者如《说岳传》等。而“说话”中的“小说”，乃专述“烟粉、灵怪、传奇、公案……搏刀、赶棒及发迹、变态之事”。其“说经”“说参请”二家，则近于“说诨话”之类，实不足与“小说”并列。

今存的宋人话本，仅有二类，一为属于“说话”的“小说”，一为“讲史书”。前者以短篇为多，后者却大都是成部的长书。“小说”今存《京本通俗小说》残本、《大唐三藏取经诗话》及《西游记》佚文三种：《京本通俗小说》原本不知共有几篇，今残存卷十至卷十六卷及卷二十一，凡八篇；《大唐三藏取经诗话》凡三卷，别本又名《大唐三藏法师取经记》，内容全同；《西游记》原书已佚，今仅见被收于永乐大典中的“梦斩泾河龙”一段。讲史书则有《梁公九谏》《五代史平话》《大宋宣和遗事》等三种。此外有《元至治刊本全相平话五种》，亦属讲史书一体，考其文辞，当亦出于宋人之手。

在明人编刻的话本小说集中，宋人作品亦保存不少。如在残本清平山堂所刻话本十五种中，其中已有九篇为宋人所作。在冯梦龙所刻“三言”（《喻世明言》《警世通言》《醒世恒言》）一百二十篇中，尤保存宋人原作不少，可是不易一一指出。这四部话本集，除宋人作品外，元人作品亦收入不少，余则都是明人所作。

明人拟作的话本，除前述四书所收外，专集有凌濛初的初刻与二刻《拍案惊奇》、天然痴叟的《石点珍》、古狂生的《醉醒石》、渔隐主人的《欢喜冤家》、金木散人的《鼓掌绝尘》、华阳散人的《鸳鸯针》、周楫的《西湖二集》等。单行的也很多，见录于明人宝文堂书目的几近百种，除去已为各话本集所收外，有六十四种今皆不存。

清人话本，以李渔的《十二楼》为最通行。渔又著有《连城璧》，一名《无声戏》。此外，有徐震的《珍珠舶》、艾衲居士的《豆棚闲话》、酌元亭主人的《照世杯》、心远主人的《十二峰》、五色石主人的《五色石》与《八洞天》、墨浪子的《西湖佳话》、杜纲的《娱目醒心编》、陈树基的《西湖拾遗》、东壁山房的《今古奇闻》，或为缀缉旧文，或为编者创作，皆有刻本行世。

五、通俗小说

“通俗小说”为“话本”的演进，也称“章回小说”。“通俗小说”的名义，常取之于“话本”中的《京本通俗小说》，而明人所作，又好以“通俗演义”名其书，故合并而成为一种文体的专名。至于称为“章回小说”的缘故，那么当然为了“通俗小说”都是长篇，而长篇大都分为章回的缘故。但这二个名称都是后人所定，在作者自己，除“通俗演义”一名常用于“讲史书”体的小说外，其他尚有“全传”“全书”“词话”“外史”“逸史”等名称，很不一致。

通俗小说的黄金时代为明清，而最盛时期尤在明万历及清乾隆前后。今人鲁迅分中国通俗小说为八类，为：讲史、神魔小说、人情小说、讽刺小说、以小说见才学者、狭邪小说、侠义小说及公案、谴责小说。这个分类的次序，完全依各类小说产生的先后排列，于此可以窥见各类小说产生的时代背景的演变。下面按类略举它们的代表作。

讲史也称历史小说，最著名的自当推明初施子安与罗本合作的《三国志通俗演义》与《忠义水浒全书》。这二书与《金瓶梅》《西游记》合称“四大奇书”。称为施罗作的，尚有《隋唐志传》《粉妆楼》《平妖传》等。此外所作，除历朝几乎各有演义外，著名的有明许仲琳的《封神全传》、清徐彩的《说岳全传》、雁宕山樵的《后水浒传》、俞万春的《荡寇志》等。

神魔小说当为宋元灵怪话本的演进，最著名的为明人吴承恩的《西游记》、罗懋登的《三宝太监下西洋记》及吴元泰等的《四游记》。清人所作，有李百川的《绿野仙踪》、倚云氏的《升仙传》、王梦吉等的《济公传》，都很流行于社会。

人情小说在宋人话本中称为烟粉小说，明人笑笑生的《金瓶梅词话》与清人曹雪芹的《红楼梦》，不独为人情小说中的二大杰作，且为中国小说史上的二大名著。此外，明人作品有鹤市散人的《风月传》、荻岸山人的《玉娇梨》、愿石城的《吴江雪》等。清人所作，有蒲松龄的《醒世姻缘传》（西周生究竟是谁，众说纷纭，蒲松龄说亦待考证。——编者注）、陈朗的《雪月梅全传》、吟梅山人的《兰花梦》、随缘下士的《林兰香》等，也都很是流行。

讽刺小说当起源于戏曲中的打诨，明末董说的《西游补》、刘璋的《钟馗捉鬼传》实开其端，至吴敬梓《儒林外史》出而臻于上乘。到了清末，乃流变而为谴责小说。

以小说见才学的作品，大都为文人庋藏他生平的学问而作，最著名的有二书，一为清人夏敬渠的《野叟曝言》，一为李汝珍的《镜花缘》。此外却很少见。

清末，人情小说流变而为狭邪小说，最初出现的为邗上蒙人的《风月梦》与陈森的《品花宝鉴》。其后有魏秀仁的《花月痕》、俞达的《青楼梦》。最后有韩邦庆的《海上花列传》、张春帆的《九尾龟》、孙家振的《海上繁华梦》等。

侠义小说与公案，话本中本亦有此文体，在清末最流行，有文康的《儿女英雄传评话》、石玉昆的《忠烈侠义传》及《忠烈小侠五义传》、失名的《施公案》、贪梦道人的《彭公案》、哈辅源的《永庆升平》、唐芸洲的《七剑十三侠》等。这种小说大都出于评话家之手，以文辞朴质，叙写生动为其特色。

谴责小说发生最后，体裁都仿《儒林外史》，名著有李宝嘉的《官场现形记》与《文明小史》、吴沃尧的《二十年目睹之怪现状》、曾朴的《孽海花》、姬文的《市声》等。

第四节　戏曲

一、总论

中国从前的所谓“戏曲”，等于现在的所谓“歌剧”。“戏曲”和“曲”二个名词所含的内容也不同：“曲”包括“散曲”“戏曲”而言；“戏曲”则仅为“曲”之一体。“戏曲”和现在所谓“戏剧”也不同：“戏剧”包含“话剧”和“歌剧”；“戏曲”则专指“歌剧”一种。中国从前也有“话剧”，但仅见于笔记小说偶然的记载,从无创作流传，所以本书也就不去叙述了。

文学上的戏曲以音乐、动作、文字为三要素，这三者都各有它的来源。在音乐和文字方面，最近于戏曲的体裁的，在昔有词中的“诸宫调”。“诸宫调”是以各种不同宫调的词曲合成一套，用以敷衍故事，如董解元的《弦索西厢》，即属此体。“诸宫调”和“戏曲”的不同，即在“诸宫调”专用于弹唱，“戏曲”于弹唱外复加以动作。“诸宫调”的所以不能算做“戏曲”，即因它缺少“动作”一个要素的缘故。动作是说明“表演”时戏中人物的举动的，最早的来源是古代“巫”事神时所用的舞蹈，以后有春秋时优施及优孟的调谑，唐人的滑稽戏。滑稽戏与现代“话剧”相似，但不重情节而重口辩，像现在的“双簧”，所以仅是不完备的戏曲。等到元朝“杂剧”起来，始合歌唱、动作、文字而为一，于是中国戏曲的组织才告完成。

“戏曲”的体裁，同“散曲”一样，也有南北之分；北曲名为“杂剧”，南曲名为“传奇”。“杂剧”一本四折，每折一调一韵，一人独唱；“传奇”不限折数，每折也不限一调一韵，凡登场人物都可以唱。北曲所谓“折”等于现代剧中的“幕”，南曲则多称“出”。表演上的戏曲三要素，在杂剧和传奇中，“歌唱”都称“唱”，“动作”北曲多称“科”，南曲多称“介”，“言语”都称“白”，曲家术语则称“宾白”（两人对说曰“宾”，一人自说曰“白”）。在戏场表演这三种形态的人，则称为“角色”，亦叫“脚色”，有“末”“旦”“净”“丑”之分；“末”“旦”为正角，“净”“丑”为副角；“末”又分为“外末”“冲末”“二末”“小末”等，“旦”又分为“老旦”“大旦”“小旦”“徕旦”“色旦”“搽旦”“外旦”“贴旦”等；传奇则以“生”代“末”，而以“末”专扮年老的人。

戏曲的分为南北，不独为了体裁上的不同，也为了声律上的关系。戏曲的声律，较词更为严格，即上、去二声亦须分别。北曲无入声，将入声派入三声；南曲则入声仍独用。曲韵都平仄通协，没有全平全仄的调牌，作者皆须按谱填入，不能乱押。曲字更须分别阴阳与清浊，平、上、去声都如此。曲牌名多沿用词牌名，但元明人自创的亦不少，故曲调多过于词调，南北合计，约有一千八百曲之多。曲的宫调，依清代《钦定曲谱》，北曲有十二，为黄钟宫、正宫、大石调、小石调、仙吕宫、中吕宫，南吕宫、双调、越调、商调、商角调、般涉调；南曲有十三：较北曲多羽调，仙吕入双调，而无商角、道宫调。

二、杂剧

“杂剧”为元人所创的戏曲。宋人也有所谓“杂剧”，但仅有“唱”有“舞”，而没有“科”“白”；且已全部失传，现在仅存名目可考。金人“院本”虽较宋人“杂剧”多“宾白”，但仍无“科”，所以仍不能算完备的戏曲，而且也已全部不存。独元人“杂剧”“唱”“科”“白”齐备，且传世亦多，遂开了中国文学史上新有的一幕。

“杂剧”来源于“散曲”；“散曲”中的“套数”加上了“科”“白”，就成为“杂剧”。但“散曲”专重叙述，而“戏曲”用以代言，两者本各有相异之点。“套数”一套叙述一事；“杂剧”则合四套叙一事，而称一套为一折，合四折成一本。除四折外，间加楔子，以补四折所不及。每本自首至末，都由一人唱。末又有题目正名，大抵为七言或八言的联句。所谓元人杂剧的体裁，大概都是如此。

《太和正音谱》根据戏中情节，分杂剧为十二科。十二科为：神仙道化、隐居乐道（又曰林泉丘壑）、披袍秉笏（即君臣杂剧）、忠臣烈士、孝义廉节、叱奸骂谗、逐臣孤子、钹刀赶棒（即脱膊杂剧）、风花雪月、悲欢离合、烟花粉黛（即花旦杂剧）、神头鬼面（即神佛杂剧）。原文没有举例，所以已不能十分准确的加以区别。又据注文所谓“君臣杂剧”“脱膊杂剧”“……杂剧”看来，可见在朱权（《正音谱》的作者）以前，已经有过一种简明的分类，不过现在也已无考了。

杂剧的黄金时代在元代，所以作品之多，作家之盛，都非后代所及。最著名的作者有关、郑、马、白，称为四大家；或又加王实甫、乔吉，称六大家。关为关汉卿，金末人，著有杂剧六十三种，今存《窦娥冤》《续西厢》等十四种。郑为郑光祖，著杂剧十九种，今存《王粲登楼》等四种。马为马致远，作杂剧十四种，今存《汉宫秋》等六种。白为白朴，亦金末人，共著杂剧十五种，今存《梧桐雨》等二种。王实甫，名德信，作杂剧十四种，今存《丽春堂》与《西厢记》。乔吉作杂剧十一种，今存《金钱记》等三种。此外有吴昌龄，作杂剧十一种，今存《西游记》等三种。《西游记》共有六本，一本一人唱，为现存元曲中最长之作。余若李寿卿、尚仲贤、武汉臣、高文秀、郑廷玉、石君宝、王仲文等，所作都在十种以上，或传或佚。其他尚多，不胜枚举。

明初存元代余风，故杂剧作者也有不少。如：谷子敬著有《城南柳》、李唐宾著《风送梧桐叶》、汤式著《娇红记》等、杨文奎著《翠红乡》、杨景言著《刘行首》等、贾仲名著《金童玉女》等。而朱权与朱有燉，更以藩王而提倡曲学，权作有《辨三教》等十二剧及《太和正音谱》，有燉作有《牡丹品》等三十一剧，总名《诚斋乐府》，尤见盛传。

到了明代万历以后，传奇成为剧坛宗主，北剧已无人能唱。所以这时期的杂戏作者虽不少，可是只能照形式依样葫芦，而不能遵守元人的格律。换言之，就是只能以南曲的规则来施之于杂剧。所以后人称之为“南杂剧”。南杂剧的作者，当推杨慎与徐渭为祭酒。慎著有《宴清都洞天元记》及《太和记》；徐渭著有《四声猿》。《四声猿》共四折，每折写一事，为《渔阳弄》《翠乡梦》《雌木兰》与《女状元》，开后人作一折短剧的风气。此外重要作家，有冯惟敏、汪道昆、茅维、黄方胤、王衡、王澹、许潮、沈自晋等。

三、传奇

“传奇”体创制于元末，盛于明代。它是杂剧的演进，也可说是解放后的杂剧，而音调则用南曲。所以以曲调言，一用北音，一用南音，两者应该并峙的。但以体裁言，那么杂剧严格，传奇宽懈，传奇完全是杂剧的演进，而成为相承的关系。又以取材言，那么两者相同之处更多，往往同一材料，杂剧仅作简单的叙述，而传奇则过作铺张，较杂剧长至数倍，或十数倍以上。

“传奇”不限套数，一出可以有数套；亦不限出数，一本可以多至数十出；每出各有出目，或为一字，或为四字；凡登场人物都可以唱，不独可由许多人合唱一出，且可合许多人同唱一曲；第一曲前有“家门”，略述全剧大意；篇末必有下场诗，或为创作，或为集前人的诗句。所谓“传奇”的体裁，大概都是如此。至于它的分类，则前人书中尚未见过。但如照传奇中的情节来分，那么它与杂剧本来仅是形式上的不同，如也分作十二科，当必不至于相差太远。

创作于元末明初的传奇，有《荆》《刘》《拜》《杀》及《琵琶记》与《赵氏孤儿报怨记》。《荆》《刘》《拜》《杀》向推为传奇四大名作：《荆》为《荆钗记》，朱权所作，凡四十八出。《刘》为《刘知远》，一名《白兔记》，不知作者，今存两本，一本作三十三出，一本作三十九折。《拜》为《拜月亭》，亦名《幽闺记》，相传为施惠所作，凡四十出。《杀》为《杀狗记》，相传为明初秀才徐畛所作，凡三十六出。《琵琶记》的作者为高明，全剧共四十二出，流传最盛。《赵氏孤儿记》不详作者（今多题作纪君祥——编者注），全剧凡四十一出，近始有传本。

明代为传奇的黄金时代，作者辈出。初期作家，丘濬作《投笔记》等四种，沈采作《千金记》等三种，沈受先作《三元记》等四种，姚茂良作《精忠记》等三种，此外犹有王济、邵璨、苏复之等。万历前后，作家更如雨后春笋：最先有郑若庸，作有《玉玦记》与《大节记》，同时有陆采著《明珠记》等四种，李开先著《宝剑记》等三种。稍次有梁辰鱼，著有《浣纱记》，为昆腔的创始。同时有王世贞作《鸣凰记》，张凤翼作《阳春六集》及《平播记》。较后有汤显祖，为明代最大作家，作有“临川四梦”及《紫箫记》，“四梦”中尤以《牡丹亭》最颠倒读者。同时有屠隆著《彩毫记》三种，汪廷讷著《环翠堂乐府》十八种，梅鼎祚著《玉合记》等二种，沈璟著《属玉堂传奇》十七种，顾大典著《清音阁传奇》四种。再后，有叶宪祖、卜世臣、吕天成、王骥德、王稺登、陈与郊、徐复祚、叶良表等，不下数十人。明末作家，有冯梦龙作《双雄记》等二种，阮大铖作《燕子笺》等五种，沈自晋作四种，范文若作九种，吴炳作五种，李玉作三十三种，袁于令作五种，朱素臣作十九种，叶稚斐作八种，朱佐朝作三十种，此外不列入者尚多。但明代传奇作家之盛，于此可见一斑了。

清代曲家，亦可车载斗量，举其著者而论，有李渔、洪昇、孔尚任、蒋士铨四家。渔为清初人，著有《十种曲》等十九种。昇为乾隆时人，作有传奇八种，以《长生殿》一剧享盛名。尚任与昇同时，时称“南洪北孔”，作传奇二种，以《桃花扇》为其扛鼎作。士铨行辈较后，著《红雪楼》九种曲，但其中三种为杂剧。此外较著名的作家，则有万树、夏纶、张坚、黄燮清、杨恩寿、陈烺等。

第五节　唱词

一、总论

“唱词”，向不被视为文学的一体，在“小说”“戏曲”在中国文学史上挣得地盘的时候，它仍被弃置在一角。但它在民间的势力，却较小说、戏曲为尤大，在妇孺口中传述的故事，民俗学者往往乐为称引而不明其来源，大部分都从此中出来。“唱词”在别的书上或称为“弹词”。实在“弹词”仅为“唱词”的一体。“唱词”因所用乐器及所唱声调的不同，分为“宝卷”“弹词”“鼓词”三类。

“唱词”起源于唐人的“变文”。它和六朝小说中的应验录一样，本为佛教徒宣扬教旨而作，所以大都是些佛经的“通俗演义”。后来乃亦用其体写别的故事，如《列国变文》等。宋人的“宝卷”，即自“变文”直接演进，且仍继承宣扬教旨的使命。至“弹词”则来源于宋人的“淘真”，“鼓词”则来源于宋人词中的“鼓儿词”，这二种才是专属于文学的作品，与“通俗小说”有同等的价值。

“唱词”为一种用散文和韵文合组成的文体。它和宋人“话本”及元明“戏曲”的不同，在于“话本”仅用于说书，而没有弹唱，“唱词”则有“说”有“唱”；“戏曲”有“唱”有“说”而能“搬演”，“唱词”则只能“说”“唱”而不能“搬演”（最近也有搬演“弹词”而称为“南戏”的，但却是新创）。“唱词”的体裁有三种：一为“有唱、无表、无白”。此体实为通俗的诗歌，犹之曲中的有“散曲”，它实在不能算为唱词的一体。但它常附见于“弹词”与“鼓词”，所以不妨认为“唱词”的附庸。一为“有唱、有表、无白”。此体为“宝卷”与“鼓词”的常体，唐人“变文”也是如此。在“弹词”中，所有女性的作品，大抵也多属此一体。一为“有唱、有表、有白”。此体为“弹唱”的正体，和“戏曲”的组织相似，仅“戏曲”所用唱词为“散曲”，此则用七言或七言加衬字的诗句。

在“唱词”里，无论“宝卷”“弹词”“鼓词”，如以它们的内容分类，则几与“通俗小说”完全相同。这也有原因的。因为中国通俗文学的取材，欢喜取民间熟习的故事，所以内容往往相同。同一故事，既写成戏曲，又有人写为小说，也有人写作唱词。即同在唱词中，弹词写过的故事，鼓词又不妨取以重写。但也有为唱词所独有的，如“宝卷”中的劝化故事，“弹词”中的宣扬女才之作，即不为“通俗小说”所有。

至于“宝卷”和“弹词”“鼓词”的分别，那么除体裁、取材各有所偏外，“宝卷”与“弹词”为南词，而“鼓词”为北词。在唱时，“宝卷”用木鱼，“弹词”用弦索，而“鼓词”则用简与鼓。

二、宝卷

“宝卷”这个名称，最先见于宋时。它是唐五代时“变文”的演进，而文体较“变文”为整饬，辞句也易俗为雅，当多出于文人之手。至“变文”则辞句既长短不齐，且多讹字俗语，当为民间不甚通文的人所写。“变文”初专用以演述佛经故事，后也用以讲唱民间传说的故事。“宝卷”所写，更较“变文”的范围扩大，因为为它也好将“小说”“戏曲”或“弹词”所写的故事加以改作，间或另外加上些劝化的意味。

“变文”的发现，近在距今二十余年前，但仍很少流传。今所知者，专演佛经的“变文”，有《维摩诘经变文》《持世界》《降魔变文》《佛本生经变文》《目连救母变文》《佛本行集经变文》《八相成道经变文》等。讲唱民间传说故事的“变文”，则有《列国志变文》《明妃变文》《舜子至孝变文》等。其他有名目可考的，合上述大约共有四十余种。

现存的“宝卷”，除《香山宝卷》外，大都不知作者名字及创作时代。《香山宝卷》一名《观世音菩萨本行经集》，宋崇宁二年普明禅师所作，在“宝卷”中为最古最流行的一种。其余的“宝卷”，我们可以按照它们的内容，分为修化故事、讽劝故事、婚姻故事三类。如《鱼篮宝卷》《延寿宝卷》《伏虎宝卷》《刘香女宝卷》《蓝关宝卷》《秀女宝卷》《庞公宝卷》等所写，都是修化故事。前述的《香山宝卷》，尤为修化故事中的伟大杰作。如《还金得子宝卷》《昧心恶报》《目连三世宝卷》《杨公宝卷》《叹世宝卷》《李翠莲施钗宝卷》《双贵图宝卷》等所写，都是讽劝故事。这些故事，都在发挥“善有善报，恶有恶报”的因果思想。婚姻故事大都由“小说”等所改作，在“宝卷”中当为最后起来，有《珍珠塔宝卷》《梁山伯宝卷》《赵氏贤孝宝卷》《白蛇宝卷》《还金镯宝卷》《何文秀宝卷》《正德游龙宝卷》等。

三、弹词

“弹词”一名“盲词”，在宋代叫做“淘真”。《西湖志余》说：“杭州男女瞽者，多学琵琶，唱古今小说平话以觅衣食，谓之‘淘真’，大抵说宋时事。盖汴京遗俗也。”唱“淘真”和唱“弹词”的都是盲者，而且都用弦索，可见两者确为一物。“淘真”亦作“陶真”，它的取义却已不可深考。

“淘真”的体裁与内容若何，因无作品传下，也已无从研求。但就现在仅存的“太祖太宗真宗帝，四帝仁宗有道君”二句看来，和后来的各种“唱词”似都一样。至弹词的体裁，最通行的有两体：一为“有唱、有表”，和“宝卷”“鼓词”相类，所用诗句多为七言，书中人物都作第三人称；一为“有唱、有表、有白”，在“唱词”中仅为弹词所独有，比上一体多“白”外，还有上场诗或词，人物用第一人称，有“生”“旦”“末”“丑”等之分，除去了将曲辞换做七言唱句外，其他几完全与戏曲同一形式。前一体大都出于女性的手，篇幅巨大，最多的多至百万字以上，但不宜于弹唱；后一体往往为唱者所自作，篇幅较短，字数至多为二十万左右，少者则仅数万。

“弹词”可依内容的不同分为八类：一为讲史，如《精忠传》《天宝图》；二为神怪，如《义妖传》《梦影缘》；三为人情，如《天雨花》《果报录》；四为姻缘，如《珍珠塔》《双珠凤》；五为公案，如《十五贯》《玉夔龙》；六为宣扬女才，如《笔生花》《安邦志》；七为褒扬贞节，如《同心栀》《哀梨记》；八为诙谐，如《三笑姻缘》《换空箱》。

“弹词”这个名字，初见用于元人杨维祯的《四游记》。《四游记》分为仙游、梦游、侠游、冥游四部分，惜原书不传，不知内容何若。明人作品，在嘉靖时已流行《玉蜻蜓》《珍珠塔》二种。此外如《玉钏缘》《安邦志》《定国志》《凤凰山》等，大约也是明人所作，但都不知作者为何人。明末清初间的作品《天雨花》中有云：“弹词万本将充栋。”可见其时弹词传世之多。至清人所作，有作者姓名可考的，几乎都是女性，其他都已不知作者真实的姓名。女姓作品，有陶贞怀的《天雨花》、陈端生的《再生缘》、侯芝的《再造天》与《锦上花》、邱心如的《笔生花》、程蕙英的《凤双飞》、郑澹若的《梦影缘》、周颖芳的《精忠传》、朱素仙的《玉连环》等。其他则有《天宝图》《金台传》《果报录》《十粒金丹》《双珠凤》《文武香球》《还金镯》《百花台》《描金凤》《双珠球》《义妖传》《玉夔龙》《十五贯》《三笑姻缘》《九美图》《换空箱》等，不独最流行于中下层社会，且也常见于书场的弹唱。

四、鼓词

“鼓词”本是“鼓儿词”的简称。宋人赵德麟用《蝶恋花》词十阕谱唐人《会真记》故事，可以合鼓而唱，因称为“商调鼓子词”。“鼓子词”和“鼓儿词”，顾名思义，可知是二而一的。但“鼓子词”的“唱”用词调，“表”用文言文；“鼓儿词”的“唱”则用五言、七言或十言等句组成，“表”则用白话。这是两者不同之点。

现存最古的“鼓儿词”，为明人杨慎的《二十一史弹词》。然因作者自称为“弹词”，所以后人都把它当做“弹词”看待，而别名为“北词”。其实“弹词”只有“南词”，“北词”即为“鼓儿词”所专有，所以《二十一史弹词》是“鼓词”而非“弹词”。现在所见最初用“鼓词”这名称的，则为明末人贾凫西所作的《通鉴鼓词》等。作者是想利用“鼓词”文体的通俗，把他的幽愤传布之于大众的，由此可使我们推知这种唱词在当时必已很普遍的在民间流行了。

现在流传的鼓词，几乎全部为清人所作而尤多清末人的作品。小说家蒲松龄也好作鼓词，今所知者，有《问天词》《东郭外传》《逃学传》《学究自嘲》《除日祭穷神文》《穷神答文》《和先生揽馆》《俊夜叉曲》《墙头记》《幸云曲》等十种，其体裁和民间流传的稍不同。民间流传的大都为唱鼓词的人所自作，故文辞思想都很低级，且好取材于小说或弹词，而加以变化，但自创的也有不少。其内容以叙述勇武故事为最多，婚姻故事次之，公案故事又次之，神怪故事最为少见。

叙述勇武故事的鼓词，最著名的为《英雄大八义》与《小八义》二书。其他有《吴越春秋》、前后《七国志》《五雷阵》《聚仙阵》，都写列国故事。又有《三国志鼓词》，内容全同《三国通俗演义》。其写隋末唐初瓦岗寨诸英雄故事的，种数尤为繁多。最流行的有《秦琼打擂》《太原府》《打登州》《延安府》《二虎岭》《响马传》《瓦岗寨》《三全传》《大破孟州》《三省庄》等，不下数十种。且每种都连续，合之共得约二百余万言。写唐代薛家故事的，有《薛仁贵征东》《大西唐》《小西唐》《对松关》《万仙阵》《反唐》等十余种。其他唐代故事，尚有《秦英征西》《五女兴唐》《粉妆楼》《绿牡丹》等。叙宋代杨家故事的，有《奔牛阵》《天门阵》《金陵府》《归西宁》《争帅印》《十二寡妇征西》等。叙呼家故事的，有《金鞭记》《呼延庆征南》《征西》《打擂》《大上坟》等。

叙述婚姻故事的鼓词，常见的有《双钗记》《二度梅》《三元记》《汗衫记》《三全回杯记》《绣鞋记》《巧连珠》《蜜蜂记》《蝴蝶杯》《金镯玉环记》《二女多情传》等二十余种。公案故事有《巧合奇冤》《金锁记》（又名《六月雪》）《串龙珠》《左公案》《李公案》《下两广》《通州坝》《红旗沟》《双镳记》《双合印》等。神怪故事有《升仙传》《西游记》等。合计前后所述，总数至少当在百种以外。

国家新闻出版广电总局

首届向全国推荐中华优秀传统文化普及图书

‖ 大家小书书目

国学救亡讲演录	章太炎 著 蒙 木 编
门外文谈	鲁 迅 著
经典常谈	朱自清 著
语言与文化	罗常培 著
习坎庸言校正	罗 庸 著 杜志勇 校注
鸭池十讲（增订本）	罗 庸 著 杜志勇 编订
古代汉语常识	王 力 著
国学概论新编	谭正璧 编著
文言尺牍入门	谭正璧 著
日用交谊尺牍	谭正璧 著
敦煌学概论	姜亮夫 著
训诂简论	陆宗达 著
金石丛话	施蛰存 著
常识	周有光 著 叶 芳 编
文言津逮	张中行 著
经学常谈	屈守元 著
国学讲演录	程应镠 著
英语学习	李赋宁 著
中国字典史略	刘叶秋 著
语文修养	刘叶秋 著
笔祸史谈丛	黄 裳 著
古典目录学浅说	来新夏 著
闲谈写对联	白化文 著
汉字知识	郭锡良 著
怎样使用标点符号（增订本）	苏培成 著
汉字构型学讲座	王 宁 著

诗境浅说	俞陛云　著
唐五代词境浅说	俞陛云　著
北宋词境浅说	俞陛云　著
南宋词境浅说	俞陛云　著
人间词话新注	王国维　著　滕咸惠　校注
苏辛词说	顾　随　著　陈　均　校
诗论	朱光潜　著
唐五代两宋词史稿	郑振铎　著
唐诗杂论	闻一多　著
诗词格律概要	王　力　著
唐宋词欣赏	夏承焘　著
槐屋古诗说	俞平伯　著
词学十讲	龙榆生　著
词曲概论	龙榆生　著
唐宋词格律	龙榆生　著
楚辞讲录	姜亮夫　著
读词偶记	詹安泰　著
中国古典诗歌讲稿	浦江清　著 浦汉明　彭书麟　整理
唐人绝句启蒙	李霁野　著
唐宋词启蒙	李霁野　著
唐诗研究	胡云翼　著
风诗心赏	萧涤非　著　萧光乾　萧海川　编
人民诗人杜甫	萧涤非　著　萧光乾　萧海川　编
唐宋词概说	吴世昌　著
宋词赏析	沈祖棻　著
唐人七绝诗浅释	沈祖棻　著
道教徒的诗人李白及其痛苦	李长之　著
英美现代诗谈	王佐良　著　董伯韬　编
闲坐说诗经	金性尧　著
陶渊明批评	萧望卿　著

古典诗文述略	吴小如　著
诗的魅力 ——郑敏谈外国诗歌	郑　敏　著
新诗与传统	郑　敏　著
一诗一世界	邵燕祥　著
舒芜说诗	舒　芜　著
名篇词例选说	叶嘉莹　著
汉魏六朝诗简说	王运熙　著　董伯韬　编
唐诗纵横谈	周勋初　著
楚辞讲座	汤炳正　著 汤序波　汤文瑞　整理
好诗不厌百回读	袁行霈　著
山水有清音 ——古代山水田园诗鉴要	葛晓音　著
红楼梦考证	胡　适　著
《水浒传》考证	胡　适　著
《水浒传》与中国社会	萨孟武　著
《西游记》与中国古代政治	萨孟武　著
《红楼梦》与中国旧家庭	萨孟武　著
《金瓶梅》人物	孟　超　著　张光宇　绘
水泊梁山英雄谱	孟　超　著　张光宇　绘
水浒五论	聂绀弩　著
《三国演义》试论	董每戡　著
《红楼梦》的艺术生命	吴组缃　著　刘勇强　编
《红楼梦》探源	吴世昌　著
《西游记》漫话	林　庚　著
史诗《红楼梦》	何其芳　著 王叔晖　图　蒙　木　编
细说红楼	周绍良　著
红楼小讲	周汝昌　著　周伦玲　整理

曹雪芹的故事	周汝昌　著　周伦玲　整理
古典小说漫稿	吴小如　著
三生石上旧精魂 ——中国古代小说与宗教	白化文　著
《金瓶梅》十二讲	宁宗一　著
中国古典小说十五讲	宁宗一　著
古体小说论要	程毅中　著
近体小说论要	程毅中　著
《聊斋志异》面面观	马振方　著
《儒林外史》简说	何满子　著

我的杂学	周作人　著　张丽华　编
写作常谈	叶圣陶　著
中国骈文概论	瞿兑之　著
谈修养	朱光潜　著
给青年的十二封信	朱光潜　著
论雅俗共赏	朱自清　著
文学概论讲义	老　舍　著
中国文学史导论	罗　庸　著　杜志勇　辑校
给少男少女	李霁野　著
古典文学略述	王季思　著　王兆凯　编
古典戏曲略说	王季思　著　王兆凯　编
鲁迅批判	李长之　著
唐代进士行卷与文学	程千帆　著
说八股	启　功　张中行　金克木　著
译余偶拾	杨宪益　著
文学漫识	杨宪益　著
三国谈心录	金性尧　著
夜阑话韩柳	金性尧　著
漫谈西方文学	李赋宁　著
历代笔记概述	刘叶秋　著

周作人概观　　舒　芜　著
古代文学入门　　王运熙　著　董伯韬　编
有琴一张　　资中筠　著
中国文化与世界文化　　乐黛云　著
新文学小讲　　严家炎　著
回归，还是出发　　高尔泰　著
文学的阅读　　洪子诚　著
中国文学1949—1989　　洪子诚　著
鲁迅作品细读　　钱理群　著
中国戏曲　　么书仪　著
元曲十题　　么书仪　著
唐宋八大家
——古代散文的典范　　葛晓音　选译

辛亥革命亲历记　　吴玉章　著
中国历史讲话　　熊十力　著
中国史学入门　　顾颉刚　著　何启君　整理
秦汉的方士与儒生　　顾颉刚　著
三国史话　　吕思勉　著
史学要论　　李大钊　著
中国近代史　　蒋廷黻　著
民族与古代中国史　　傅斯年　著
五谷史话　　万国鼎　著　徐定懿　编
民族文话　　郑振铎　著
史料与史学　　翦伯赞　著
秦汉史九讲　　翦伯赞　著
唐代社会概略　　黄现璠　著
清史简述　　郑天挺　著
两汉社会生活概述　　谢国桢　著
中国文化与中国的兵　　雷海宗　著
元史讲座　　韩儒林　著

魏晋南北朝史稿	贺昌群　著
汉唐精神	贺昌群　著
海上丝路与文化交流	常任侠　著
中国史纲	张荫麟　著
两宋史纲	张荫麟　著
北宋政治改革家王安石	邓广铭　著
从紫禁城到故宫 ——营建、艺术、史事	单士元　著
春秋史	童书业　著
明史简述	吴　晗　著
朱元璋传	吴　晗　著
明朝开国史	吴　晗　著
旧史新谈	吴　晗　著　习　之　编
史学遗产六讲	白寿彝　著
先秦思想讲话	杨向奎　著
司马迁之人格与风格	李长之　著
历史人物	郭沫若　著
屈原研究（增订本）	郭沫若　著
考古寻根记	苏秉琦　著
舆地勾稽六十年	谭其骧　著
魏晋南北朝隋唐史	唐长孺　著
秦汉史略	何兹全　著
魏晋南北朝史略	何兹全　著
司马迁	季镇淮　著
唐王朝的崛起与兴盛	汪　篯　著
南北朝史话	程应镠　著
二千年间	胡　绳　著
论三国人物	方诗铭　著
辽代史话	陈　述　著
考古发现与中西文化交流	宿　白　著
清史三百年	戴　逸　著

清史寻踪	戴　逸　著
走出中国近代史	章开沅　著
中国古代政治文明讲略	张传玺　著
艺术、神话与祭祀	张光直　著
	刘　静　乌鲁木加甫　译
中国古代衣食住行	许嘉璐　著
辽夏金元小史	邱树森　著
中国古代史学十讲	瞿林东　著
历代官制概述	瞿宣颖　著
宾虹论画	黄宾虹　著
中国绘画史	陈师曾　著
和青年朋友谈书法	沈尹默　著
中国画法研究	吕凤子　著
桥梁史话	茅以升　著
中国戏剧史讲座	周贻白　著
中国戏剧简史	董每戡　著
西洋戏剧简史	董每戡　著
俞平伯说昆曲	俞平伯　著　陈　均　编
新建筑与流派	童　寯　著
论园	童　寯　著
拙匠随笔	梁思成　著　林　洙　编
中国建筑艺术	梁思成　著　林　洙　编
沈从文讲文物	沈从文　著　王　风　编
中国画的艺术	徐悲鸿　著　马小起　编
中国绘画史纲	傅抱石　著
龙坡谈艺	台静农　著
中国舞蹈史话	常任侠　著
中国美术史谈	常任侠　著
说书与戏曲	金受申　著
世界美术名作二十讲	傅　雷　著

中国画论体系及其批评	李长之　著
金石书画漫谈	启　功　著　赵仁珪　编
吞山怀谷 ——中国山水园林艺术	汪菊渊　著
故宫探微	朱家溍　著
中国古代音乐与舞蹈	阴法鲁　著　刘玉才　编
梓翁说园	陈从周　著
旧戏新谈	黄　裳　著
民间年画十讲	王树村　著　姜彦文　编
民间美术与民俗	王树村　著　姜彦文　编
长城史话	罗哲文　著
天工人巧 ——中国古园林六讲	罗哲文　著
现代建筑奠基人	罗小未　著
世界桥梁趣谈	唐寰澄　著
如何欣赏一座桥	唐寰澄　著
桥梁的故事	唐寰澄　著
园林的意境	周维权　著
万方安和 ——皇家园林的故事	周维权　著
乡土漫谈	陈志华　著
现代建筑的故事	吴焕加　著
中国古代建筑概说	傅熹年　著
简易哲学纲要	蔡元培　著
大学教育	蔡元培　著 北大元培学院　编
老子、孔子、墨子及其学派	梁启超　著
春秋战国思想史话	嵇文甫　著
晚明思想史论	嵇文甫　著
新人生论	冯友兰　著

中国哲学与未来世界哲学　冯友兰　著
谈美　朱光潜　著
谈美书简　朱光潜　著
中国古代心理学思想　潘　菽　著
新人生观　罗家伦　著
佛教基本知识　周叔迦　著
儒学述要　罗　庸　著　杜志勇　辑校
老子其人其书及其学派　詹剑峰　著
周易简要　李镜池　著　李铭建　编
希腊漫话　罗念生　著
佛教常识答问　赵朴初　著
维也纳学派哲学　洪　谦　著
大一统与儒家思想　杨向奎　著
孔子的故事　李长之　著
西洋哲学史　李长之　著
哲学讲话　艾思奇　著
中国文化六讲　何兹全　著
墨子与墨家　任继愈　著
中华慧命续千年　萧萐父　著
儒学十讲　汤一介　著
汉化佛教与佛寺　白化文　著
传统文化六讲　金开诚　著　金舒年　徐令缘　编
美是自由的象征　高尔泰　著
艺术的觉醒　高尔泰　著
中华文化片论　冯天瑜　著
儒者的智慧　郭齐勇　著

中国政治思想史　吕思勉　著
市政制度　张慰慈　著
政治学大纲　张慰慈　著
民俗与迷信　江绍原　著　陈泳超　整理

政治的学问	钱端升 著 钱元强 编
从古典经济学派到马克思	陈岱孙 著
乡土中国	费孝通 著
社会调查自白	费孝通 著
怎样做好律师	张思之 著 孙国栋 编
中西之交	陈乐民 著
律师与法治	江 平 著 孙国栋 编
中华法文化史镜鉴	张晋藩 著
新闻艺术（增订本）	徐铸成 著
经济学常识	吴敬琏 著 马国川 编

中国化学史稿	张子高 编著
中国机械工程发明史	刘仙洲 著
天道与人文	竺可桢 著 施爱东 编
中国医学史略	范行准 著
优选法与统筹法平话	华罗庚 著
数学知识竞赛五讲	华罗庚 著
中国历史上的科学发明（插图本）	钱伟长 著

出版说明

“大家小书”多是一代大家的经典著作，在还属于手抄的著述年代里，每个字都是经过作者精琢细磨之后所拣选的。为尊重作者写作习惯和遣词风格、尊重语言文字自身发展流变的规律，为读者提供一个可靠的版本，“大家小书”对于已经经典化的作品不进行现代汉语的规范化处理。

提请读者特别注意。

北京出版社